拒绝讨好

程锦 著

北京时代华文书局

图书在版编目（CIP）数据

拒绝讨好 / 程锦著. -- 北京 : 北京时代华文书局, 2025.7. -- ISBN 978-7-5699-6119-5

Ⅰ. B848-49

中国国家版本馆 CIP 数据核字第 2025QY3473 号

JUJUE TAOHAO

出 版 人：陈　涛
责任编辑：王盼盼
装帧设计：仙境设计
责任印制：刘　银

出版发行：北京时代华文书局 http://www.bjsdsj.com.cn
北京市东城区安定门外大街 138 号皇城国际大厦 A 座 8 层
邮编：100011　电话：010－64263661　64261528

印　　刷：三河市京兰印务有限公司
开　　本：710 mm×1000 mm　1/16　　成品尺寸：160 mm×230 mm
印　　张：10　　字　　数：117 千字
版　　次：2025 年 7 月第 1 版　　印　　次：2025 年 7 月第 1 次印刷
定　　价：39.80 元

序

拒绝讨好，做最真实的自己

当今社会，随着科技和经济的快速发展，人与人之间的交往越来越频繁密切。然而，却总是有一种无形的力量束缚着我们的心灵和言行，那就是“讨好”。讨好别人是社会交往中一种常见的文化现象，随着人际交往的深入，个体在讨好他人的同时会给自己带来一些烦恼。一部分人因为无法拒绝他人而感到纠结和痛苦，这让他们开始反思是否有必要“讨好他人”。

回看前半生，我好像一直在讨好别人，甚至为了别人的好恶而活。这种习惯已经深入骨髓，成为我生活的一部分。我渴望别人关注我、喜欢我，期待着他们能够看到我，把我当成好朋友。

小时候的我单纯地以为，只要自己足够乖巧顺从，就能够收获大人的爱与认可。然而，随着年龄的增长和人生阅历的增加，我逐渐发现事实并非如此。我在不断付出中迷失自我，内心充满了疲惫和迷茫，而那些因为讨好而获得的“爱”也脆弱得一碰就碎。我渐渐意识到，“讨好别人”给我带来了越来越多的困扰。你是否也和我一样，心底总是回荡着这样的声音？

“我内心也有想要表达的情感诉求，可是总是为了避免冲突而压抑自己的欲望，一步一步地退让。这样一次又一次的压抑让我的情绪濒临失控。”

“我常常为了寻求别人的认可而迎合他人，可是这些事情并不是我真正喜欢的，我像是被锁链拴住了脖子，被一股无形的力量牵着向前，内心却感到越来越迷茫。”

“我无法拒绝别人的求助，一旦拒绝别人，我的内心就会十分愧疚，感觉自己不够善良，像是做了什么天大的恶事。”

“我害怕别人生气，担心别人受到伤害……”

“我总是感到自卑，觉得自己很差劲，不能让所有人都感到满意……”

曾经，我深深陷入这样的痛苦之中无法自拔，但随着年龄和阅历的增加，我逐渐意识到一味地讨好别人是不可取的人际交往方式。在深刻反思与艰难探索的过程中，我逐渐领悟到，拒绝讨好别人并非意味着我们要变得冷漠、自私或与他人格格不入。相反，它是一种自我价值的深刻觉醒。人只有先尊重自己，才能真正地学会尊重别人。拒绝讨好，是勇敢地撕下那层名为“维护和谐”的虚假面具，以坦诚的态度面对自己的内心世界；是学会在人际交往中划定清晰的边界，不再无原则地退让和付出；是重拾自尊与自信，相信自己本就值得被爱和尊重，无须通过讨好别人来换取。

在践行“拒绝讨好”的原则后，我慢慢走出了那个让我不断内耗的怪圈。我不再刻意讨好别人，不再害怕拒绝别人，也不再渴望得到所有人的认可。我学会独自一个人生活，优先满足自己的需求，用爱滋养自己。渐渐地，我的身边多了很多可以交心的朋友，我们互相尊重，互相帮助；我也不再否定自己，信心逐渐增强，生活变得越来越美好。

因此，我写下了这本书，希望书中的内容能够帮助到更多和我一样曾经被“讨好型人格”困扰的读者。希望读者能够通过这本书得到力量，找回自信，不再自卑，走出人际关系的困境。只有学会拒绝讨好别人，我们才能做最真实的自己，拥抱更美好的未来。

✦目录
CONTENTS

01 为什么总是不自觉地讨好别人

第一节　你是讨好型人格吗？　/003
第二节　为了避免冲突，你总是压抑自己　/005
第三节　为了寻求认可，你总是迎合他人　/009
第四节　为了取悦别人，你总是自我牺牲　/013
第五节　不想显得自私，你总是承担不必要的责任　/017
第六节　太过善良，你总是无法拒绝别人的求助　/021

02 为什么你讨好却讨不了"好"

第一节　讨好心理的根源　/027
第二节　为了一团和气，压抑内心的真实想法　/030
第三节　一度"谦和包容"，却被认为软弱可欺　/033
第四节　为了得到认可，做"好好先生"　/036
第五节　为朋友尽力付出，却被人利用　/040
第六节　朋友之间不好意思说"不"　/043

03 拒绝讨好，划定人际边界线

第一节 倾听内心真实声音，读懂我想要什么 / 049
第二节 温柔的人也可以有棱角 / 053
第三节 学会表达，沟通是人与人之间的桥梁 / 056
第四节 坚持原则，再好的朋友也不能突破底线 / 061
第五节 独立的人格勇于面对他人的反对和质疑 / 066
第六节 不必太在乎外界的声音 / 070
第七节 人与人之间，距离产生美 / 074
第八节 帮助他人应量力而行 / 078

04 学会大声说“不”

第一节 每个人都有说“不”的权利 / 083
第二节 你没有义务答应别人的所有请求 / 088
第三节 有不满就要说出来 / 091
第四节 吃亏不是福 / 096
第五节 怎么礼貌而有力地拒绝别人 / 099
第六节 真正亲近的人不会因为你的拒绝而离开 / 103

05 与其讨好他人，不如自我成长

第一节　遵从内心，增强自我意识　/ 107
第二节　追寻真正喜欢的事物，拥有志同道合的朋友　/ 111
第三节　三观不同，不必强融，无效社交也是一种内耗　/ 114
第四节　学会独处，一个人也是一种修行　/ 117
第五节　提升自我，学习技能，花香蝶自来　/ 121

06 以自我为轴心，把自己当回事儿

第一节　接受自己的不完美　/ 127
第二节　欲望是人性，以自我为中心并不可耻　/ 130
第三节　学会爱自己更多一点儿　/ 134
第四节　你无法取悦所有人，做好自己　/ 137
第五节　拒绝内耗，把注意力放在自己身上　/ 140
第六节　我是我自己，不是谁的提线木偶　/ 143
第七节　每个人都会讨好别人，把握尺度，适可而止　/ 146

01

为什么
总是不自觉地讨好别人

第一节 你是讨好型人格吗？

首先，请你回答几个问题。

1. 你是否认为，让身边的人都喜欢你这件事很重要？

2. 当你手头上有重要工作时，你是否会为了帮助别人而搁置自己的工作？

3. 你会为了自己的权益据理力争吗？哪怕这样做会和别人产生矛盾？

4. 你是否一味地付出，不求回报，只是为了融入一个圈子，和圈内人成为朋友？

5. 你是否总是把微笑挂在脸上，哪怕你的内心正在哭泣？

6. 你是否总是没有安全感，担心被孤立、被抛弃、被别人讨厌？

7. 当你遇到困难时，你是否因为害怕给别人造成负担，总是自己解决问题而非寻求他人帮助？

8. 别人对你的评价是否总是“性格温和，没有存在感”？

9. 你是否害怕拒绝别人，担心一旦拒绝对方就会生气？

10. 当别人帮助了你，你是否会感到内疚？

11. 你是否总是回避可能和人产生矛盾的情况？

12. 你是个“好好先生”或者“好好小姐”吗？

13. 你是否总是在夜深人静的时候“自我反省”，并且因为没有做好某件事而辗转反侧？

14. 你是否会刻意地追求大众所谓的“高情商”？

以上 14 个问题之中，如果有 10 个以上你的回答是“是”，说明你的讨好型人格已经“深入骨髓”了。你总是习惯性地讨好别人，并且因此而感到烦恼，这说明你逐渐意识到总是这样讨好别人是不对的，并且想要做出改变。

请不要感到害怕，讨好型人格并不是一种精神疾病，而是一种由讨好型沟通方式发展而来的性格特质。这种性格特质会显露在我们的日常习惯中，很多时候可能你并没有意识到。

第二节 为了避免冲突，你总是压抑自己

人际交往中经常存在这样一种现象：有些人在争端面前，总是会主动妥协。很多时候，这些人并非没有主见，而是为了避免冲突，习惯性地压抑自己内心的真实想法、情感和需求，主动选择妥协。这其实是一种讨好别人的表现。

小罗是一名大学生，他最近很烦恼。每当他和别的同学有分歧时，尽管内心持有不同意见，但是考虑到争论会造成同学之间的不愉快，小罗总是迅速地把自己的想法深埋心底，转而点头表示认同。

期末考试前学校放假一周，有同学提出一起去九寨沟旅游，放松心情之后再回来考试。但是小罗对此持不同意见，他觉得距离期末考试只剩下一周时间了，现在最重要的事情不是放松心情，而是复习。他们可以等期末考试结束之后再出去旅游，这样反而能玩得开心。更何况九寨沟的海拔较高，同学们前往九寨沟很可能会有高原反应，如果旅游期间发生什么意外，不仅会影响期末考试的成绩，还会让家人担心。

即便小罗的想法有理有据，可他还是无法将其表达出来。小罗看着跃跃欲试的同学们，生怕自己的不同意见会破坏同学之间的和谐氛围。

可是，小罗这种压抑自我想法的做法真的能够如他预期的那样带来真正的和谐吗?

小罗没有当场提出异议，他和同学们结伴去了九寨沟。起初，同学们都很期待这次集体旅行。可到了九寨沟的第一天，大部分人都因为高原反应而无法正常活动，甚至有人被送到医院吸氧。当天晚上，还有好几位同学因为胸闷和头疼而整夜无法入睡。第二天的行程自然也受到了耽搁。虽然两天之后大家都渐渐克服了高原反应，但是这趟旅行并没有让他们尽兴。

回到学校之后，因为旅途的劳累，同学们的状态普遍不好，有同学因为来不及复习，考试成绩不及格，最终留校补考。小罗也是补考大军中的一员。这时，他听到不少同学都埋怨当初提出旅游提议的那个同学。为此，小罗一面懊悔当初没有提出异议，一面又觉得这次不愉快的旅行自己也有责任，感到十分内疚。小罗明明极力想要避免冲突，可是他的妥协非但没有迎来预想之中的好结局，反而让他变得更加烦恼。

刻意地避免矛盾和冲突，让小罗的行为举止过于拘谨，就好像有个枷锁架在了他的脖颈上，而且时间越长枷锁就越沉重，让他越来越痛苦。

刻意避免冲突，是讨好型人格的一个主要特征。你是否思考过，自己为什么会刻意地避免争端呢？一个人之所以会压抑自己，做出违背自己心意的决定，往往是因为他有自己的顾虑。比如，小罗本来不想去九寨沟，但是他最终没有提出反对意见，而是选择和同学们一起去旅游。这个行为背后的原因是小罗觉得自己一旦提出反对意见，就会和想去旅游的同学发生争吵，而争吵有可能会影响同学之间的关系，他会因此变成一个“罪人”。

然而，刻意的躲避有时并不能带来积极的结果。就像案例中的小罗为了避开争端，选择不说出自己的意见。可以看得出来，小罗很重视同学之间的感情，可结果却事与愿违。小罗的班级并没有因为这一次的集体活动而增加凝聚力，同学之间反而产生了隔阂。

我们不妨想象另一种可能，如果小罗直言不讳地说出了自己的意见呢？同学们起初也许会感到不高兴，但是当小罗说出他的理由时，大部分明白事理的同学应该会理解他的想法，并且能够感受到小罗的真诚。这样一来，小罗不仅不会造成冲突，还可以拉近和同学的关系。勇敢地把内心的想法表达出来，让自己的心里话被别人听到，当内心的声音被彼此听到时，人和人的关系才会更近。

冲突是我们在人际交往中常常会遇到的问题。有时候，冲突也是一种有效的交流方式。对这个社会而言，每个人都是不同的个体，他们都有自己的思想，而思想的碰撞能推动社会的进步和发展。古希腊伟大的思想家苏格拉底常常走在街上，和青年展开激烈的讨论。这些激烈的讨论擦出了思想的火花，使得苏格拉底能够更加深入地思考问题、研究事物的本质。

当今社会是包容的、多元的，它鼓励个体真诚地表达自我，也尊重每个人不同的选择。我们不能因为害怕冲突而忽视自己内心深处的呐喊，面对冲突和问题，我们应该以积极主动的方式应对冲突，解决问题。

第三节　为了寻求认可，你总是迎合他人

你是否常常为了得到群体认同而迎合他人？

人是社会的产物，具有天然的群居属性。在本性的驱使下，个体往往倾向于主动向群体靠拢。很多人为了能和他人达成一致而迎合他人，他们害怕不同，害怕被孤立，害怕被冷落。这既是从众心理的典型表现，也折射出讨好型人格的特质。

在现代社会快节奏、高压力的背景下，加上社交媒体的广泛渗透，这种迎合他人的现象进一步加剧。

梅梅最近入职了上海一家网红公司。到公司的第一天，梅梅就惊讶地发现公司里的每一位同事都穿搭时尚，妆容精致，有奢侈品傍身，这让梅梅感觉到了自己与别人的不同。

梅梅渴望在这个陌生的城市里扎根，她迫切地想要融入这个城市，希望自己能像其他同事一样，成为都市丽人。于是，梅梅开始学习化妆和服装搭配，她一有时间就沉浸在各种社交 App 之中，观看美妆博主和穿搭博主发布的内容。

很快，梅梅的“时尚嗅觉”突飞猛进，她也成为一位化着

精致妆容，踩着大牌高跟鞋，穿着品牌小套装，拎着高奢包包进出写字楼的白领。梅梅每天都要喝一杯咖啡，说话总是夹着几个英语单词，她不仅给自己报了烹饪班和插画班，其他时间还学习马术和滑雪。她热衷于打卡各个网红餐厅，哪怕花188元只能吃到几片生菜和一点儿芝麻酱，她也毫无怨言。渐渐地，梅梅有了自己的社交圈子，她们一起聊各种咖啡豆的不同，相互分享医美和奢侈品信息，讨论是要去布鲁塞尔还是去冰岛度假。此刻的梅梅为自己终于能够融入这个城市，拥有自己的小团体而沾沾自喜。

可是，这些所谓的精致生活是需要金钱作为支撑的。梅梅每个月的工资只有一万出头，五千的房租加上其他生活必需开销，使梅梅剩下的工资寥寥无几。为了融入这个城市的氛围，梅梅开始刷信用卡。虽然一次又一次地为了精致生活而买单让梅梅越来越自信，可等到她回过神来的时候，她已经欠了十几万的信用卡贷款，而细数下来她得到了什么？

烹饪和插画课上梅梅只是学了点皮毛，马术课和滑雪课是梅梅为了摆拍而报名的，网红餐厅的餐品并不好吃，梅梅更多的只是为了发到社交媒体上获得点赞。而那个所谓的“圈子”，也在她辞职之后彻底没有了联系，最终陪伴着她的只有高额的账单和一堆贬值严重的奢侈品。

很多人之所以会为了寻求认同感而迎合他人，是因为不够自信。这种自卑心理间接导致了一个人内心的迷茫和恐惧，使他们迫切地需要和群体建立起联系，让自己融入某一个特定的圈子里，这样做至少能确定自己是安全的、被认可的。

越来越多的人为了别人而活，他们渴望在某个特定的圈子里找到自己的位置，因此不得不迎合他人。这种行为就像是把自己装进了一个透明的玻璃展柜里，时时刻刻按照大众的喜好约束自己。

就像电视剧《三十而已》中的王漫妮，她为了所谓的精致生活，宁愿天天吃盒饭和方便面，甚至拼命工作到患上肾结石。为了所谓的"享受生活"，她宁可刷卡负债也要升级头等舱。虽然剧中王漫妮的结局是好的，但在现实生活中，如果我们不好好地经营自己的人生，就有可能跌至谷底再也爬不起来。

当下一些流量较高的社交 App 上会有许多网红精心打造"人设"，向社会大众展示自己的"完美生活"，而看这些帖子的人也会不自觉地受到影响，陷入比较和模仿的"旋涡"。一些人看到他人因某种观点、行为或形象而获得大量的点赞、评论和关注，便会盲目地去迎合这种所谓的"主流"，期望自己也能收获同样的社交回报。渐渐地，我们会发现街上很多漂亮女孩都穿着相同的衣服，化着差不多的妆，她们会因为网红的推荐而"种草"，会不约而同地购买同一款产品，甚至会因为"大家都这样"而追求同一种潮流。很少有人会去思考，到底是人引领了潮流，还是潮流主导了人。

然而近几年里，我们也能看到越来越多的女孩踢掉了脚上的高跟鞋，穿上了更加宽松舒适的运动鞋，她们开始自由地发展自己的爱好，并且在这个过程中逐渐找到了真正的自我。

当你确立起正确的自我认知时，你就会豁然开朗，明白自己想要的生活到底是什么样的。

第四节 为了取悦别人，你总是自我牺牲

初中课本里有这样一句诗——“春蚕到死丝方尽，蜡炬成灰泪始干。”老师告诉我们，这句诗的含义是“奉献自己，成全别人”。相信有很多人和我一样，从小就被教育要“自我奉献”和“成全他人”。

正是因为这种“奉献教育”，很多人从小到大都在做着“自我牺牲式”的奉献。他们只知道通过自我牺牲取悦别人，从来没有想过：这样无节制地自我奉献，是否也是一种对自我的不尊重？

诚然，奉献是一种既珍贵又美好的品质。在中华民族面临危机时，正是因为有无数先烈的奉献和牺牲，我们才有今日安稳富足的生活。可是，奉献是一把双刃剑。我们是否在长期的自我奉献中，忽视了自己内心深处最根本的需求？是否在取悦别人的同时，让自己受到了伤害？

我的父亲是家中长子。作为长子，他一直被寄予厚望。后来，父亲不负众望，成为家中的顶梁柱。

我的叔叔是开货车的，家里有老婆和儿子要养。而我的小

姑是家庭主妇，靠着丈夫打零工养家。两家的生活都很拮据，只能勉强维持日常开销，没有多余的积蓄。

在奶奶的要求下，我的父亲不仅负担了堂弟和表哥的学费，还帮着叔叔家盖起了房子。因为三家人住在一起，我父母公司逢年过节发放的福利都由奶奶统一分配给三家。

父亲帮衬着自己的弟弟妹妹，为整个大家族提供了不少物质帮助。因此，父亲在我很小的时候，就去了很远的地方工作。我心里很清楚，父亲不仅仅是为了我，还为了爷爷奶奶，为了叔叔婶婶，为了小姑和姑父，他肩上的担子太重，重到我忍不住为他感到心疼。

而在这二十多年的漫长生活里，叔叔和小姑只是一味地索取，从未想过要付出什么。他们心里形成了这样的“固定模式”：生活得比他们好的哥哥就应该帮扶弟妹，而他们则可以理所当然地享受这样的帮助。

记得我十来岁的时候，偶尔听婶婶偷偷抱怨过，谁家的哥哥给弟弟买了套房子，为什么我的父亲做不到呢？

那个时候的我已经记事，知道什么叫作“升米恩，斗米仇”。当索取成了习惯时，但凡有一点儿不顺对方心意的地方，就有可能成为被对方攻讦的理由。

我把这事告诉母亲，母亲安慰我：“一家人，互帮互助是应该的。”

是啊，大家都是一家人，互帮互助是应该的，可是既然是

“互帮互助”，为什么只有父亲在奉献呢？

精神分析学鼻祖弗洛伊德认为，人的原始本能遵循快乐原则，追求自我满足。既然如此，为什么有些人会违反“本性”去付出自我，甚至是无条件地、倾尽全力地付出呢？这本质上源于一种“被需要”的心理需求。当个体为他人付出时，个体会感觉到自己是“被需要”的，而这种“被需要”能带来安全感，让个体觉得这个世界上是有人爱自己的。

无节制地牺牲自己往往被认为是一种自我“道德绑架”。我们之所以总是通过牺牲自己的利益来成全别人，是因为总觉得“对方是弱者”“对方更需要帮助”，如果不帮助对方，自己就是不善良或者不负责任的人。这种自我禁锢就像一把道德枷锁，把我们牢牢困住。

我见过太多相似的例子，那些被“吸血”的人明明是付出的那一方，却总是本能地去讨好被给予的那一方。渐渐地，付出成了习惯，付出的一方本能地为了取悦别人而掏空自己。可是真的会有人喜欢一具“空壳”吗？当那一具具“空壳”意识到一味地奉献并不能真正取悦他人，被取悦的人只会越来越贪婪时，双方往往就会不欢而散。

在我长大后，我们家搬出了老家的大院子，三家人不再紧挨着住在一起。父亲和母亲只是偶尔回去团聚，我们的日子慢慢变得轻松起来。起初，失去了父亲的物质供养，叔叔和小姑总是免不了和父亲发生争吵，可渐渐地，他们也接受了现实。再后来，叔叔和小姑都找到了不错的工作，他们的生活也渐渐走上正轨，这样自给自足的日子反而让他们感到更加充实快乐。

如果说牺牲是一种美德，那么这种美德也是有前提的。“掏空自我式”的牺牲只会让自己变成一口架上了水泵的井，任由他人日夜不停地往外抽水，直到井水枯竭，最终站在井边等着喝水的人也会渴死。无底线的牺牲不过是一种自我感动，在自己的能力范围内有限度地帮助他人，才是真正有利于双方的正确做法。

第五节 不想显得自私，你总是承担不必要的责任

"自私"在大众的认知中是一个贬义词，它往往与"以自我为中心""利己主义"等负面评价紧密关联。正是因为这种根深蒂固的负面印象，我们在日常生活和人际交往中常常避免自己做出任何可能被视为"自私"的行为。

很多人为了不让自己显得"自私"，往往会主动承担一些没有必要承担的责任。这些强加于己的"责任"，像是一道道横亘在我们面前的栅栏，阻碍着我们前进的脚步。

小林性格温和，在日常工作中非常喜欢帮助别人，同事眼中的小林是个不折不扣的"好人"。

一次，同部门的李小南在准备一份重要的项目报告时，因时间紧迫且数据搜集困难而着急上火。小林知道这件事后，主动承担起了搜集数据的任务。小林花费了大量时间，在浩如烟海的资料中筛选、整理出李小南需要的内容，为李小南提供了详尽的数据。然而，在这个过程中，小林自己的工作任务却被拖延，导致他不得不加班加点地赶工，工作质量也因此受到

很大的影响。不仅如此，事后李小南并没有因为小林的付出而领他的情。李小南的项目报告中有一个数据出了错，在领导面前，李小南让小林背了锅。最终，小林被扣了奖金，他为此十分沮丧。

经此一事后，每当其他同事忙不过来时，就纷纷将自己手头上一些不重要的杂活交给小林去做。小林不堪重负，但是他不想被人说“自私自利”，于是每次都接下这些本不属于自己的工作任务。这些工作任务做好了和小林没关系，万一有错就由小林“背锅”。小林明明帮助了别人，却承担了更多的风险，同时也让自己在连续的高强度工作中变得疲惫不堪。

很多人觉得，小林几乎每天加班，甚至忙到没有时间吃饭，年底升职加薪一定有他的名额。可结果却并非如此，小林非但没有升职加薪，反而即将面临淘汰。原因是小林把太多的时间用在非本职工作上，导致他没能好好完成本职任务，错漏百出，影响了自己的职业发展。

小林说：“我只是不想那么自私，我妈妈从小就教育我，看到别人有困难要主动帮忙，要做一个勇于承担责任的好人。为什么好人却没有好报呢？”

案例中的小林是典型的“讨好型人格”。你有没有过这样的经历：看到别人遇到困难的时候，你会自发地想要去帮助那个人，就好像如果你不去帮助对方，对方就会陷入更糟糕的境地。有些人甚至会因为对方过得糟糕而自责内疚，把责任揽到自己身上。这其实是一种被动的“责任外包”。

每个人在生活和工作中都会遇到困难，那是一个人在成长过程中必经的道路。这种把责任揽到自己身上的行为，实际上也在阻碍别人成长。

对个人而言，过度承担不必要的责任将会导致严重的内耗。个人的时间和精力被大量浪费在与自己核心利益或个人发展无关的事务上，会使得自己的成长与进步受到阻碍。

有时，我们接受的教育会和实际生活中遇到的情况稍有出入，书本里的内容常常教育我们做一个有道德、有良心的好人，可现实社会却要比纸上的道理复杂得多。

在工作中，做好自己的本职工作，才是我们应该承担的首要责任。在有余力时，我们可以选择性地帮助真正需要帮助的人，而不是一股脑儿地把所有责任都揽到自己身上。

宁宁是一个工作效率非常高的人。之所以工作效率高，是因为她总是优先完成自己手头上的工作。当同事试图把不在宁宁工作范围内的工作交给她时，她通常会委婉地拒绝，表示自己手头上的工作也忙不过来。当然，在同事遇到困难向宁宁请教时，她也会热心给予帮助。

正是因为宁宁既专注于自己的本职工作，又在有余力的情况下帮助别人，使得她在做出更多工作成果的同时，也在同事中间赢得了良好的口碑，因此在工作中得到了更多发展机会，从而形成一个良性循环。在年底的考核中，宁宁是小组中绩效最好的一个，顺利升职加薪。

在日常生活中，我们总是被“不想显得自私”的恐惧驱使，盲目地承担不必要的责任，而这些责任往往会变成重压，把我们压得喘不过气来。因此，我们不妨放下这种苛刻的自我约束，试着做一个“自私”的人，轻装上阵，走向更加健康、更加充实的人生道路。

当然，放下“责任的包袱”并不意味着漠视周围的一切。我们需要做出准确的判断，明确哪些责任需要我们承担，抛弃不必要的，承担该承担的。在尊重自己与关爱他人之间，寻得一片宁静而美好的心灵港湾。

第六节　太过善良，你总是无法拒绝别人的求助

人性中最动人的光芒，莫过于善良的品质。然而，当你犹豫是否拒绝别人不合理的求助时，善良便成为一种无形的枷锁，让你在痛苦的海洋中挣扎。

你是否会因为对某些人的同情心而“不好意思”或者“不忍心”拒绝他们的请求？这其实是一种过度的同情。“过度同情”指的是一些人对于他人正在遭受的痛苦高度敏感，并且希望能够通过自己的努力减轻或消除他人的痛苦。

陈锋和张权是朋友。张权失业了，他本来就是“月光族”，失业后经济更加紧张，因此开口向陈锋借钱。陈锋心里很清楚，如果把这笔钱借给张权，大概率是要不回来的，因此有些犹豫。但是，张权声泪俱下地讲述着自己被前公司“优化”之后日子过得如何凄惨，好几个月了都找不到新的工作，每天在出租房里只吃一顿泡面，现在又没钱交房租，很快就要被房东扫地出门了。张权说，他实在是没办法了才会厚着脸皮开口向陈锋借钱。

事实上，陈锋自己手头也不宽裕，上个月的工资刚好够还这个月的信用卡。然而，因为张权的哭诉，陈锋对他糟糕的现状产生了深切的同情，把自己用来还信用卡的钱借给了他。结果陈锋这个月只能吃清水挂面，还要分期才能还上信用卡。陈锋本不愿意借钱给张权，可是却因为过度同情而无法开口拒绝对方的请求。

有些人总觉得，一旦自己拒绝他人就会使对方蒙受损失，还可能给对方带来心理上的伤害。比如，在职场中面对同事的求助，我们可能会觉得如果自己不伸出援手，同事就会因无法完成任务而遭到上级的斥责，进而对其心理造成负面影响。因此，当别人提出要求的时候，即便这个要求比较过分或者超出自己的能力范围，我们也无法拒绝对方。

实际上，对方面临的困境是他自己的人生课题，我们需要做到“课题分离”。如果我们把对方的苦难“过渡”到自己的身上，把对方遭受的困难想象成是自己造成的，就会陷入“过度共情”的泥沼。一个有同理心的人往往是一个善良的人，但是善良也需要有原则。

拒绝他人不合理的请求并不是故意伤害对方，而是一种自我保护行为，我们不必为此感到内疚。帮助别人是需要有一定的能力的，当我们没有能力的时候，强迫自己帮助别人有可能造成风险转嫁，受到伤害的只会是我们自己。

在一则新闻里，有一位女孩因为同情无家可归并且面临扑杀的流浪猫，而把流浪猫领回自己的出租屋养。日子一天天过去，女孩养的猫越来越多，二十多只流浪猫挤在三十多平方米的出租房里，导致整个房间恶臭无比，邻居报警求助，房东闻讯而来。结果女孩被强制赶走，并且面临高额赔偿。生活中，总有一些人的善良超出了自己的能力范围，从而导致事情变得无法控制，连带着自己也深陷其中。

有一个宠物店的老板偶尔会救助流浪的小猫小狗，由于他有这样的善举，很多想要弃养宠物的主人把病重的猫和狗丢到他的宠物店门前。该店主只好在直播时说明，他不接受任何弃养在店门口的猫狗，因为这样只会让那些弃养者更加猖獗。而他的能力是有限的，无法接收全部被弃养的猫和狗，一旦他的资金链断裂，反而会导致他店里原有的猫和狗无家可归。

虽然宠物店老板的做法被一些极端的动物保护者诟病，但是一个人的善良应该是有底线的。在能力范围内行善，也是对于自身的保护。

02

为什么
你讨好却讨不了“好”

第一节 讨好心理的根源

讨好心理的形成机制涉及多个因素，主要包括成长环境、社会环境和个体心理等方面。

1. 成长环境因素

在原生家庭中，父母如果对孩子有过高的期望、采取强制性的奖惩机制以及经常忽视孩子，就会导致孩子形成讨好型人格。在有的家庭中，当孩子还在妈妈肚子里的时候，父母就会提前规划孩子的成长道路，比如要读什么书、学习什么技能、将来就读哪所学校、选择文科还是理科、读什么专业等。在孩子呱呱坠地之后，父母就会不自觉地为孩子获得爱与关注设置一些条件。

小的时候，你的父母是否曾经设立过这样的奖惩制度：当考试成绩进步多少名时，你就可以得到一个玩具或者一些零用钱；当父母认为你听话乖巧时，他们就会带你去你最想去的游乐园；当你愿意帮父母洗碗、拖地的时候，你就能得到他们承诺的奖励。殊不知，这种有条件的爱会给孩子造成一种暗示：只有不断地满足他人的期望，才能获得爱和被接纳。长此以往，孩子就会形成讨好型的行为模式，并且这种行为模式会延伸到孩子和其他人的交往之中。

你的父母吵过架吗？他们是否会连续几个小时甚至几天不理会对方？你是否曾经为了让你的父母重归于好，百般讨好他们？在这样的家庭中，孩子可能被赋予了“调和者”的角色，他们会努力在父母之间周旋，总是顺着父母的意思说话，以避免冲突的爆发。在这种家庭环境中成长起来的孩子，会把讨好作为一种应对冲突和维护关系的重要手段。

如果一个孩子在童年时期被父母或其他直系亲属忽视，这个孩子长大后就会极度渴望得到关注。为了引起他人的注意，他们可能会表现出讨好行为。如果孩子在家庭中没有得到足够的关注和认可，没有形成正确的角色意识，他们可能还会发展出通过讨好他人来获得关注和喜爱的行为。

2．社会环境因素

在一些社会性的小团体中，如果感受到来自同伴的压力，个体也会产生讨好心理。以学校为例，学生可能会面临来自同学的压力。例如，当班级中大多数同学都在讨论一部电视剧时，某位学生如果想要融入这个团体，哪怕他不喜欢这部电视剧，也会为了和其他同学有共同话题而去看这部电视剧，这就是一种讨好的表现。

另外，职场上也会有许多非常典型的社会性小团体。一些公司非常强调团队性和服从性，如果某位员工想要获得晋升机会或者加入某个小团体，他也会讨好同事和上司。在这种文化环境中，个体更容易发展出讨好型人格，以适应社会的期望和规范。

3．个体心理因素

有讨好型人格的人通常缺乏自信，自我价值感低，他们害怕被他人拒绝，害怕跟他人发生冲突。他们不相信能够依靠自身的能力和价值得到他人的爱和尊重，认为自己不具备美好的品质，因此会下意识地通过讨好他人来得到对方的赞同和赏识。同时，他们还害怕发出不同的声音或者拒绝别人的要求，因为这样有可能会引起他人的不满，一旦和他人发生冲突又或者被他人孤立，他们就会被排除在特定的“小圈子”之外。因此，有讨好型人格的人选择压抑自己的内心，努力讨好他人，以避免冲突和被集体抛弃。

第二节　为了一团和气，压抑内心的真实想法

你是否总是压抑内心的真实想法，默默地将所有情绪咽进肚子里，即便再难受，你也不愿意表达自己内心真正的诉求。同时，你拒绝沟通，努力维持着表面的岁月静好。这些情况有可能源于原生家庭的影响，它让你下意识地抑制渴望，听从他人安排。

众所周知，原生家庭对人的性格塑造具有重要影响，尤其是在人的幼年时期。父母对于孩子过高的期望有时会转化为强烈的控制欲，为了让孩子能够留在自己所在的阶层或者走上更高的阶层，一些父母会努力地安排孩子的人生，他们希望自己的后代能够顺风顺水。殊不知，这样的美好希冀有时候会转化成一种压力，让孩子感到自己被束缚。随着孩子年龄的增长，当父母的强烈希望和自己的梦想发生冲突时，孩子有可能会为了讨好父母而压抑内心的真实想法，变成一个唯唯诺诺、毫无个性的人。

小麻的父母都是大学教授，从怀孕开始，他们就希望孩子将来成为一个科学家。小麻从五岁开始就严格按照父母制订的时间表安排学习，每天的学习时间在八个小时以上。

此外，父母还给小麻制订了详细的奖惩规则：只要小麻的成绩有所进步，或者按时完成父母安排的学习计划，他就有机会得到物质奖励。每当小麻觉得太累想要休息的时候，父母总是会严厉地教训他；而如果小麻乖乖听话，他就会被父母温柔相待。

然而，这样高强度的学习计划虽然让小麻在小学阶段名列前茅，但上初中后，小麻的学习成绩渐渐被更有天赋、心态更好的同学追上，小麻的内心十分痛苦。可即便如此，童年时父母对他的控制，让小麻习惯性地压抑自己的感受，不敢说出真实的想法，只能按照父母规划的人生继续痛苦地往前走。

在童年时期，你是否会在拒绝父母的要求时听到这些话？“我是为了你的将来考虑”“我走过的桥比你走过的路还多，给你选择的路一定是适合你的”“我这么辛苦还不是为了你”……这其实是家长控制欲强的一种表现。

“父母之爱子，则为之计深远”，我相信大多数的父母都是深爱着自己孩子的。只是父母在深爱着孩子的同时，也会对自己的后代有一些“不切实际”的期待，而这些期待往往会变成行动，演化成对孩子的极端控制。

对于父母的这种行为，为什么一些孩子会奋力反抗，而一些孩子会乖乖顺从呢？因为人会下意识地“趋利避害”。在父母强烈的控制欲下，孩子的潜意识里会积累一种经验：有自己的想法是很危险的。

父母是孩子最初的老师。在成长过程中，孩子会慢慢生出自我意识，而孩子的自我意识偶尔会和父母的想法相悖。遇到这种情况，部分控制欲强烈的父母会用“简单粗暴”的态度去否定孩子。比如，当孩子把自己的得意画作分享给父亲的时候，父亲会板着脸教训孩子：“一天到晚把时间浪费在这种和学习没有关系的事情上，怪不得你成绩总是上不去！你怎么就不知道学学邻居家的××。”

父母对孩子的“棍棒式”教育，也会让孩子在长大的过程中，逃避与他人沟通，习惯性地避免争端。为了避免争端，孩子会默默地把所有的想法藏在心里，表面上十分和气，但是很少有人能真正走进他的心里。同时，无条件地附和别人也变成了一种本能。

童年的伤痛往往要用一生来治愈。家庭环境以及父母对孩子的态度会影响孩子的性格。同时，这种影响还具有一定的代际传递性：小时候父母是如何对待你的，你有一定的可能性把这种行为复制在你的孩子身上，而你的孩子也可能会在不知不觉中成为下一个“讨好者”。因此，我们必须下定决心改变自己的行为逻辑，让讨好型人格带来的痛苦终结在我们这一代，让自己的人生不再被束缚，也让下一代在更健康的情感环境中成长。

第三节　一度“谦和包容”，却被认为软弱可欺

你真的没有负面情绪吗？

你是否总是努力包容他人，包括对方的缺点和让你不满意之处？你是否就像是没有负面情绪一样，努力地满足别人的要求，甚至为了别人的想法重塑自己的思想和观点？你是否在面对不熟悉的人时，也愿意竭力包容对方并展现自己的亲和与友爱？

其实，你并不是没有负面情绪，只是你不敢表达。嫉妒、愤怒、心酸，这些情绪在外界看来都是不良的。你害怕自己的不良情绪会吓跑别人，于是，你努力压抑着内心的“野兽”，谦和地包容别人的一切，不愿意倾诉自己的痛苦。

晓蓉是一个非常温和的人，和她相处过的每一个人都对她赞不绝口，觉得她是个没有脾气的人。因为无论别人对她做了多么过分的事情，晓蓉都不会生气。

渐渐地，因为晓蓉的好脾气，大家开始不在意晓蓉的情绪。他们会在晓蓉面前开恶劣的玩笑，随意评价晓蓉的穿着，甚至不经过晓蓉的同意就打开她的电脑，偷窥她的隐私。这样的情

况让晓蓉非常苦恼。一方面，她并不想被人无所顾忌地欺负；另一方面，晓蓉又没有办法对这些人发脾气。

晓蓉之所以一直包容别人的过错，成为一个“好惹”的人，是因为她的讨好心理。晓蓉并不是不会发脾气，而是她常常主动让自己“消火”。在晓蓉的认知中，表达愤怒是一件错误的事情，会伤害到别人，她作为一个女孩子应该轻声细语地说话，不应该随便发脾气。晓蓉用这样的标准要求自己，把自己框在一个“谦和包容”的框架里，表面上看似风平浪静，实际上她时时刻刻都处于高压之下，不良情绪得不到发泄。

这样的例子在日常生活中很常见。案例中的人之所以会肆无忌惮地拿晓蓉开玩笑，一次又一次地触碰晓蓉的“底线”，是因为他们认定了晓蓉不会发脾气，晓蓉在他们的认知里是一个“好惹”的人。

表达不良情绪是讨好者不愿意面对的课题。很多人会像晓蓉一样，压抑自己的情绪，把自己包装成一个“谦和包容”的老好人。这是为什么呢？

有讨好型人格的人往往也是有着高情感需求的人。高情感需求指的是一个人在情感上对他人有强烈的依赖和期望，需要更多的关爱、陪伴和情感支持。简而言之，这样的人需要更多的爱和关注，出现这种情况的原因之一是孩子在幼年时期没有得到父母足够的关爱。例如，当孩子晚上做噩梦，想要和父母一起睡觉的时候，父母却反过来教育孩子要勇敢，要学会克服恐惧；当亲戚家的小孩来家里玩并且抢走了孩子最喜欢的玩具，孩子委屈想哭时，父母却教育孩子要控制情绪，不要在客人面前失礼。在这样的环境中长大，孩子会习惯性地控制自己的情绪，不愿意将自己的真实情绪表达出来。

另一个重要原因是社会强加给我们的各种标签。你是否常常听到这样的言论？比如，我们要做一个情绪稳定的人，一个情绪稳定的人不会在别人面前发泄负面情绪。又如，社会总是暗示我们，一个好女孩不应该发脾气。当这样的固有标签成为一种道德约束，我们就很容易被这些标签“绑住手脚”，被别人的看法限制。

可一个“忍”字真的能够解决一切吗？面对洪水，如果只是单纯地“堵”，最后我们面临的将会是堤坝崩溃，大水漫延。治理洪水的合理方式是疏通水渠，而人的情绪就好像是洪水，光是“堵”并不能解决问题，还需要合理疏导。生而为人，总有情绪爆发的时候。每到这种时候，我们首先要正视自己的不良情绪，然后再以积极的态度解决问题。面对别人不礼貌的行为，我们应该及时制止对方并且表达不满，让对方感受到我们的愤怒；当情绪低落时，我们不妨找好朋友倾诉，这不仅不会给对方造成困扰，还会进一步加深友谊；当我们嫉妒别人的成功时，不妨将嫉妒化为动力，并努力朝着目标努力。以上这些都是抒发情绪的方法。

第四节 为了得到认可，做“好好先生”

讨好者迫切需要他人的认可。他们希望被别人夸奖，希望被别人喜欢，希望得到别人的关注，希望别人主动亲近自己，这些都是想要被他人认可的具体表现。

“不被别人认可，那就说明我是错的”，这样的念头无时无刻不萦绕在讨好者的脑海中。对一些人来说，如果得不到别人的认可，他们就会辗转反侧、忐忑不安。为了得到别人的认可，他们愿意去做任何事情，哪怕这件事并不是出自自身的意愿。这种“病态”的对于他人认可的追求，实际上是一种将自己的人生寄托在别人身上的不负责任的行为。因为被认可就意味着有人替你做了选择，当后续的结果不尽如人意的时候，你就有了抱怨和推脱的对象，“这都是别人让我去做的”。当“被认可”成为评定一件事是否该去做的标准时，我们就失去了对自己人生的掌控权。

有些人之所以愿意把掌控自己的权力交给别人，本质上是因为自卑。这种过低的自我评价，常常伴随着害羞、不安、内疚、忧郁、失望等情绪。自卑会让人在面临问题和选项时难以抉择，因此自卑的人常常将决定权送到别人手中，这样一来，他们会慢慢地在放弃掌控权的过程中丧失自我。

田田长得漂亮，学历和工作履历都非常优秀，可她总是不自信。因为这种不自信，田田不敢大胆地做出选择，总是被动地等别人来选择自己。在毕业后，当一个各方面条件远远不如自己的男人向田田表白的时候，田田放弃了自己真心喜欢的“校草”，接受了这份并不让人满意的“爱情”，只因男友曾对田田说：“我是你能够找到的条件最好的男人了！”

如果换了别的女生，恐怕已经生气了。可田田因为自卑，默认了男友这种“可怕”的说法，甚至在两人的恋爱关系中，各方面条件明显比男友优越的田田反而成了讨好对方的那一个。田田为了维持这段关系，不仅忍受男友的各种小毛病，还多次原谅他的过分行为。

在恋爱期间，男友总是有意无意地打压田田。男友告诉田田，他是一个优秀可靠的男人，一旦田田离开了他，就再也找不到更好的对象了。田田并没有意识到这是男友对她的恶意打压，反而更加依赖对方，甚至每天要穿什么衣服都交给男友决定。田田的好朋友发现，田田最近的情绪越来越低落，并且对自己越来越不自信。朋友担心田田的情况，询问她最近发生了什么，田田才把实情告诉了朋友。田田很想分手，但又感到害怕，“可是我担心离开了他，我再也找不到比他更好的男人了。”好朋友恨铁不成钢地对田田说：“田田，你这是被他洗脑了!”

最终，在朋友的帮助和鼓励下，田田成功分手，离开了打压她的男友，慢慢找回了自信。

为了获得认可，讨好者总是不断降低自己的下限。他们因为自卑，不敢主动去追求自己想要的事物，反而被动地接受他人替自己做出的选择，因此结果总是不尽如人意。案例中的田田原本可以主动追求心中所爱，却因为自卑而望而却步。当有人追求自己的时候，田田毫不犹豫地把选择权交到了对方手里，在对方的打压下开始一段感情。显而易见，这段从根上就坏掉的感情，无法结出美满的果实。

自我认知过低往往会让人看不到自己的优点和长处，使人在俯视自我的同时仰视他人，常常拿别人的优点、长处与自己的短处和不足相比。渐渐地，沉浸在自卑中的人会变得优柔寡断，缺乏做出选择的勇气。这样的人往往在自卑的同时又急切地想要获得认同感。因为对自己的不信任，他们会更加依赖外界的评价，将外界的好恶作为自己的处世标准。然而，在这个过程中，他们忽略了最重要的一点：被认可往往只是因为你满足了对方的需求。比如说，当你愿意熬夜加班为上司赶一份他明天早会要用的报告时，上司会夸奖你是一个好下属。可实际上，上司之所以这么说，只是因为你能够满足他当下的需求。人的需求是在不断变化的，你能满足所有人的所有需求吗？

事实上，我们无法满足所有人的所有需求。一味地寻求别人的认可反而会使我们被迫陷入“寻求认可”的循环怪圈里，逐渐失去自信，甚至依赖他人。因此，我们要拒绝讨好他人，坚定地相信自己，提升自我价值感，从精神层面改变自己，找回自信。

第五节　为朋友尽力付出，却被人利用

有讨好型人格的人总是会为了朋友尽力付出。很多时候只需要朋友一句话、一个请求，有时候甚至不需要朋友开口，他们就会主动揽过责任，竭尽全力地帮助对方。

明明这种乐于助人的行为应该让人觉得快乐，可是对有讨好型人格的人来说，他们总是会因为尽力帮助别人而感到精疲力竭。尽管如此，当朋友再次需要帮助的时候，他们还是会答应，然后在这样的循环之中内耗。

乐然的工作很忙，工作日总是要加班，好不容易能准点下班时，却总是被同事叫去帮忙。有一次，一位同事出差结束乘坐“红眼”航班回来，在群里发了一个求助信息：“凌晨1点半，谁有时间能来国际机场接下机吗？多谢姐妹！”乐然看见后主动接下了这个接机任务，并且不求任何回报。还有一次，同事团购正好缺一个人，于是把商品链接发在群里。乐然其实不需要这个东西，但是本着帮助别人的心思，她还是点进去下单了。

生活中的朋友们也都知道乐然的性格，一旦有需要帮助的

地方，他们都会第一时间找到乐然。比如说，有的朋友需要用车，用完乐然的车还回来时，乐然发现本来加满的油箱已经完全空了。再比如，过年乐然回老家，朋友要她帮忙带一些土特产回来，等到乐然将土特产带回来后，朋友只是表示感谢，却没有把买土特产的钱给乐然。乐然又不好意思问朋友要，只能默默吃亏。这样的事情越来越多，乐然也感到越来越疲惫。

我们常常被社会道德标准束缚，努力做一个尽力帮助别人的“好人”。为了维持所谓的“好人”人设，我们也常常感到精疲力竭。这是外界社会向我们施压的表现，它使人被迫讨好别人。换言之，“好人”并非天生的，而是被训练出来的。

人生而自我。动物园里训练员训练海豚，会让海豚根据训练员的口令摆出不同的姿势，姿势符合口令的海豚可以得到鲜鱼。久而久之，海豚就形成了固定思维：只要根据某个口令做出某个姿势，就可以得到食物。

在我们的成长过程中，父母会潜移默化地对我们进行诱导训练。小时候，如果我们帮助父母洗碗、扫地，就会得到他们的夸奖，甚至是一定的零用钱。而如果我们看见父母需要帮忙却视而不见，就会被父母大声斥责，并且这件事在之后很长的一段时间里，都会被父母拿出来反复教育我们，从而使我们形成深刻的记忆。类似这样的事情发生的次数多了之后，人就自然而然地被训练成了“好人”。

有讨好型人格的人走上社会之后，他们的内心也会时时刻刻被一种无形且强烈的渴望驱使，他们希望被大多数人接纳，害怕被群体孤立。在他们的印象中，如果不维持好“好人”的人设，那么随之而来的便是被集体厌弃。为此，面对他人的需求，无论是金钱上的支持，还是情感上的陪伴，有讨好型人格的人都会不假思索地给予他人帮助。

人性幽微，当有讨好型人格的人毫无保留地付出时，部分人会觉得“有机可乘”，在与有讨好型人格的人的互动中变成“掠食者”，秉持利己思维，把他们当作可以利用的免费资源。就像是案例中的乐然，朋友让她买土特产，却拿了东西没有给钱，这不过是利用乐然不好意思开口催债的性格，以“朋友”之名实施的剥削罢了。

诚然，朋友之间的互帮互助是增进友谊的黏稠剂，但是真正的朋友是不会无底线地索求却不懂回报的。只有摘下“好人”的帽子，从正面审视自己，才能平等地和朋友相处。

第六节 朋友之间不好意思说“不”

如果朋友提出了一个让你觉得为难的请求，你会不好意思说“不”吗？无法拒绝别人，也是讨好型人格的一个主要特征。

我们总是对于“拒绝朋友”这件事有一种深深的恐惧。似乎当朋友向我们求助时，一旦我们说了“不”，朋友就会因为我们的拒绝而受到伤害，同时我们之间的“友谊”也会因为这一次拒绝而受到影响。这样的想法究竟从何而来呢？

嘉欣和闺蜜在同一家公司工作。因为工作的特殊性，春节前后需要有人24小时在公司值班。今年，闺蜜正好被安排在大年三十值班。为了能够在大年三十和家人团聚，闺蜜找到嘉欣，想要和她换班。可是，嘉欣早就买了去海南度假的机票，听到闺蜜的这个请求后，嘉欣陷入了进退两难的境地，心情十分复杂。

一方面，嘉欣和闺蜜是十几年的发小，从小一起长大，她实在不好意思拒绝闺蜜的请求。但是另一方面，这一次的度假机会难得，并且机票和酒店已经订了，如果取消需要支付一大笔违约金。

嘉欣很想向闺蜜说明，自己已经买好了机票准备度假这件事。但是，她非常担心如果自己拒绝了闺蜜，闺蜜会觉得她“不够朋友”，甚至因为这件事情不理她。嘉欣不想失去这个好朋友，又不知道怎么开口才能既不伤害两人的感情，又能够拒绝闺蜜的请求。为了这件事，嘉欣辗转反侧，失眠了好几天。最终，嘉欣还是退掉了机票和酒店，和闺蜜换了值班时间。这样做了之后，虽然闺蜜十分感谢嘉欣，可嘉欣却觉得十分憋屈，她不禁埋怨自己：为什么不能开口拒绝闺蜜的请求呢？

在有讨好型人格的人眼中，友情常被理想化。他们简单地认为朋友之间的情谊需要经过持续付出、无条件包容的“淬炼”才能够稳固长久。其实，他们只是把“迁就”视为“珍视”，在部分情况下，这种付出甚至还有“情感勒索”的成分。

案例中，闺蜜向嘉欣提出换班的提议实际上是十分不妥的，但是嘉欣并没有因为不妥而拒绝对方，反而把闺蜜提出的请求当成对两人感情的一次试炼。殊不知，这种有条件的爱反而会成为感情的负累，让我们自己寸步难行。

很多时候，无法拒绝是因为“害怕拒绝”。有讨好型人格的人对于拒绝的恐惧，大多数源自早年或者童年的经历。其中，不少人成长在相对严格或传统、刻板的家庭环境中，从小到大被“听话就能得到宠爱，叛逆就会被讨厌”的规则一遍遍规训。长此以往，他们的大脑中就会形成“拒绝等于失去爱与认可”的等式。等成年后步入社会，面对各种各样的情感绑架，只要对方提出需要帮助，有讨好型人格的人就会本能地答应别人的请求。

此外，小部分家庭幸福的人也有可能“害怕拒绝”，这跟他们的校园经历有关。心理学家提出，虽然人的性格很大程度上受原生家庭的影响，但是校园经历对他们的影响也不容忽视。有些人在学校生活中曾被同学孤立、排挤，由于他们内心渴盼融入集体，重回“群体怀抱”，所以他们也会无条件地顺从朋友的请求，借助此种方式和朋友形成所谓的亲密关系。可是，无原则地迁就对方，答应对方的请求，不仅会使自己逐渐模糊自我需求边界，也会为成年后的社交埋下“讨好他人”的伏笔，使得拒绝他人成为一件困难的事。

其实，真正的亲密关系并没有我们想象得那么脆弱。就像嘉欣的闺蜜，她向嘉欣提出这样“过分”的请求时，也许并没有对嘉欣会答应抱太大的希望，只是一种试探。在闺蜜心理预期很低的情况下，嘉欣的拒绝其实并不会影响两人之间的关系。面对自己重视的关系，我们总是会小心翼翼，担心它脆弱得不堪一击。实际上，越是这样小心翼翼，越会适得其反。我们不妨大方坦诚地对待自己的好朋友，将心里话讲出来，这才是维系友情的正确方式。

03

拒绝讨好，划定人际边界线

第一节 倾听内心真实声音，读懂我想要什么

讨好型人格的具体表现之一就是压抑自己内心的真实想法。有讨好型人格的人总是为了避免矛盾而顺从他人，选择把自己的真实需求放在一边。在人际交往中，有讨好型人格的人怀揣着满心的热情与善意，倾尽全力为别人付出，却常常在无意识中慢慢失去自我，等到反应过来时已经来不及改变，他们没办法拒绝他人的请求，只能暗自委屈，憋屈地成为人际交往中的“隐形受害者”。

小梁曾经是大家眼中的乖乖女，她乖巧听话，从来不违背父母的期望，也不会和朋友、同事发生矛盾。但是，这样温柔乖巧的小梁却过得并不开心，她觉得自己每天都困在简单乏味的工作和复杂的人际关系中，由于她的工作是大多数人眼中的“好工作”，如果辞职，父母必定会不高兴，她不想被父母埋怨不孝，因此只能郁郁寡欢。

在三十岁那年，小梁没有顺应父母让她结婚的期望，毅然决然地辞掉了所有人眼中的“金饭碗”，转而进入一家传统武馆开始学习武术。这是小梁从小的梦想。可是父母和

周围的亲朋好友都觉得，作为一个女孩子，小梁应该找一份稳定的工作，结婚生子，而不是整天和一群人在一起“摔跤打架”。

无论父母如何反对，小梁最终还是坚持了下来。她拍摄“VLOG”记录自己的生活，每天过着辛苦却又充实的生活。在几年后的传统武术大赛上，小梁取得了优异的成绩，并作为地方代表前往欧洲参加武术交流会。她摆脱了曾经的内耗和不开心，过上了自己想要的生活。

想要避免成为生活中的“隐形受害者”，我们应该做些什么？

首先，我们要倾听自己内心的真实声音，读懂自己想要的到底是什么。

人总是因为需求而行动，我们讨好别人也是为了心理上的安稳和踏实。所以，要想挣脱讨好型人格的牢笼，在和别人的想法不同或者与别人发生矛盾的时候，我们不要急着做一个“好好先生”，而要先冷静下来。不妨先问自己几个问题，如“我真的赞同对方的想法吗？”“我不赞同的理由是什么？”“我的心里是不是有其他的想法或者更好的方案？”“如果我真的照他的意见做了，对我来说有益吗？我会不会感到不开心？”“我真正希望的结果是什么样的？”

在深入思考之后，我们常常会得出和最开始不一样的答案。不要惊慌，这就是我们内心深处对于讨好他人的一种反抗，顺应这种“反抗”，我们能面对更加真实的自己。

很多时候，我们拼尽全力地去讨好别人，到了最后却怅然若失，这是因为我们的出发点错了。我们如果希望自己能够生活得更好，出发点就不应该是立足于他人，而是应该立足于自己。

很多活得潇洒恣意的女性都是很擅长取悦自己的。我很喜欢一个女明星，她素有“不老女神”之称，是一个非常温柔的人。在二三十年前那个相对保守的社会环境下，她一直没有结婚，偶尔拍戏，也不强求自己一定要赚多少钱，够用就行。她从来不在意“咖位”，也不在意别人怎么看她，一年除了拍一两部戏，大多数时间都住在自己的院子里，和宠物猫一起生活。她曾说：“我的时间就是拿来给我自己浪费的，这也是一种享受。”

这句话让我醍醐灌顶。是啊，人生最重要的不过是一句“我愿意”，我为什么要在意别人的想法呢？只有尊重自己的意愿，才会有敢爱敢恨的勇气。正因为出发点是“我愿意”，所以不管结果如何都能坦然地做到“落子无悔”。

从小到大，长辈总是教导我：“什么样的年纪做什么样的事情，你要对自己负责任。”在社会中，我们扮演着各种各样的角色。小时候，我们是学生，是子女。随着年龄的增长，有些社会角色没有变，有些则改变了，我们变成了妻子或者丈夫，变成了员工或者老板，拥有了更多不同的角色。可是，如果单纯地把人放进一个既定的框架之中，岂不是失去了自我？

我们首先是自己，然后才是那些各种各样的角色。拒绝讨好，首先要学会取悦自己。把自己当成一株植物，而不是一个工具，耐心地灌溉、呵护，生命之花才能灿烂绽放。

我们可以像考古学家发掘珍贵文物般，深度挖掘自己的内心世界，梳理自己儿时尘封的梦想和日常细微的喜好。如果热爱绘画，我们可以在悠闲的午后，在铺满阳光的草坪上，支起画架，用色彩或者线条，画出自己眼中的精彩纷呈的世界；如果钟情于热闹繁华的街巷，我们就携三两好友，喝茶、聊天、看电影；如果喜欢在书海遨游，我们可以去图书馆，在寂静无声中，遨游于文字的海洋。

这些看似微小的举动，却是对灵魂的“供氧”，能够填充我们被忙碌生活抽干的精神“蓄水池”，让内心重归丰盈，唤醒麻木感官，感受生活点滴诗意。我们不必过于在意外界的眼光，应该勇敢地撕掉自己身上的固有标签，世界那么大，我们都应该去看看。

第二节 温柔的人也可以有棱角

有讨好型人格的人在生活中，往往会给自己套上“老好人”的人设。在人际交往中，他们总是害怕引起别人的反感，因而小心翼翼地注意措辞，生怕一不小心就和对方产生矛盾。在表达负面情绪或者拒绝态度时，会采用非常委婉的方式。在日常生活中，他们也总是主动帮助别人，承担自己没有必要承担的责任。

我们会发现，有讨好型人格的人脸上总是挂着笑容，人们很少能察觉到他们的不良情绪，因为他们的脸上像是戴着一张微笑面具，明明很温柔，却总让人无法真正地亲近。

其实，一个温柔的人也可以有棱角。高情商不等于没有脾气，接纳和直面自己的不良情绪，也是对自己负责的表现。

张阿姨是业委会主任，也是邻居们公认的“热心肠”。哪家老人摔倒受伤，子女忙于工作无法照顾，张阿姨就会上门送菜做饭，帮忙照顾老人。虽然张阿姨平时见人总是笑意盈盈的，十分和气，但张阿姨可不是一个“老好人”，业主之间产生矛盾和争端时，她总会挺身而出。例如，小区公共绿地被一楼某住户私占，不仅私自砌矮墙，还拔掉绿植用来种菜。物业和小区众人多次劝阻无果，大家也都敢怒不敢言，生怕惹麻烦。这时，张阿姨挺身而出。

张阿姨先是挨家上门，收集大家对绿地的看法，鼓励大家联名写下诉求，然后带着诚意与证据找私占户理论。张阿姨上门后，先通过唠家常开场，拉近双方心理距离，再严肃地指出违规危害：“咱们住一个小区，都想舒舒服服过日子，你家有需求可以理解，但不能损害大伙的公共权益，绿地属于全体业主，得共同爱护。”

张阿姨言辞恳切、态度坚决，既体现了邻里温情，又亮明了原则底线。该住户在张阿姨和物业的共同努力下，终于答应恢复整改，小区环境得到了保护。张阿姨非但没有因为这件事被人讨厌，大家反而更加信任她。之后的日子里，张阿姨也依旧关怀邻里，同时也坚持自己的原则，面对争端不害怕、不逃避，积极主动地解决问题。

张阿姨是一位既温柔又有力量的女性，她热情地帮助别人，却不是没有底线地做一个“老好人”。在面对一楼某住户侵犯集体利益的情况下，张阿姨勇敢地站了出来，从中调停，最终解决了问题。温柔是盾牌，原则是利剑，案例中的张阿姨完美诠释了柔中带刚的女性特质。

温柔之人的棱角，是在尊重他人与坚守自我之间找到平衡，是用同理心织网、以原则为框架撑起的处世智慧。当遇到不公、被触及底线时，我们应该勇敢地为自己争取权益，而不是逃避争端。温柔并不意味着软弱。当温柔与棱角完美融合，便能在纷繁复杂的世界中点亮一座温暖且有力的“灯塔”。

温柔也是一种力量。它不是甘于平凡，不争不抢。有讨好型人格的人为了躲避争端，常常害怕与他人竞争，因而错过了人生中的很多机会。这不仅会让他们变得更加自卑，还会让他们不愿意相信自己的实力。

有讨好型人格的人虽然看起来“与世无争”，实际上内心十分丰富。他们既纠结又不甘心，总是止步在恐惧面前。一味的“与世无争”只会让人止步不前，因此，我们不妨抛弃“与世无争”，展现温柔的力量，拒绝讨好别人，努力为了自己的人生目标不懈奋斗。当我们跨上一个个台阶，站在高台之上时，便会发现高处的风景原来是那么美好。

第三节 学会表达，沟通是人与人之间的桥梁

有讨好型人格的人在表达自己观点的时候，常常会表现出犹豫的状态。这是他们害怕自我表达，害怕和人沟通的表现之一。有讨好型人格的人很少主动开启话题或发表意见，更多时候是作为被动的倾听者存在；就算不得不开口表达意见，在开口之前，他们的内心也会经历复杂的斗争。

有讨好型人格的人总是担心自己的观点是否会被别人接受。例如，在小组讨论中，他们的肢体会变得十分紧张：双手紧握，嘴唇微微颤抖，脸上的表情僵硬。在参与讨论的过程中，他们常常采用“嗯”“我觉得”“可能”“也许”这样不确定的犹豫措辞，同时伴随结巴的情况。这是因为他们在组织语言的过程中，不断地观察别人对自己观点的反应。同时，为了避免和他人产生不必要的冲突，他们的解释常常繁复累赘、缺乏重点，观点不够明确。

然而，人越是害怕沟通，就越没有表达的动力。久而久之，有讨好型人格的人就会慢慢地失去表达能力，在公众场合发言时会出现语言逻辑混乱的现象。长此以往，不仅人脉拓展受阻，社交圈

子也会越来越小，导致事业发展困难，他们还会因为无法表达个人情感，日渐觉得孤独、焦虑。毕竟，人是社会性动物，沟通不畅，恰似人与人之间的桥梁拥堵、断裂，信息通道被切断，情感流通“脉络”打结，有讨好型人格的人也会随之陷入自我封闭之中。

想要改变自己下意识讨好他人的情况，首先要学会表达。沟通是人与人之间的桥梁，人和人之间只有经过沟通才能更加了解彼此。朋友之间的沟通能够消除误会，拉近彼此的亲密关系；陌生人之间的沟通能够使双方快速互相了解，从而尽快找到双方的共同点；合作双方之间通过沟通能够加速了解彼此的诉求，使得合作更加顺畅。

当年苹果公司推出 iPhone 时，面对外界对手机价格过高的质疑，苹果公司创始人乔布斯从消费者角度出发，对 iPhone 进行了详细清晰的介绍。乔布斯指出传统手机按键烦琐、功能分散等问题，向公众展示了 iPhone 的简洁界面和高度集成的多功能优势。他通过“它将改变生活，让沟通和娱乐触手可及，为你节省时间、带来便捷”的宣传，化解了用户对苹果手机定价的疑虑。最终，iPhone 引发抢购热潮，开启了智能手机新时代。

这就是沟通和表达的魅力。

有讨好型人格的人常常会无条件地帮助别人，为此不惜牺牲自己，并且不求回报。但是，当他们遇到困难需要别人帮助的时候，他们往往纠结不已，怎么都无法开口求人。

曼妮乐于助人，曾经受到过曼妮帮助的人都非常感谢她，不管是朋友还是邻居都经常对曼妮说："曼妮，你下次有什么需要帮忙的地方，尽管开口！"

可即使这样，每一次曼妮遇到困难需要帮助的时候，她都觉得"难以启齿"。有一次下班后，外面下起了大雨，曼妮没有带伞。晚高峰时间段打车不方便，打车 App 上的名单排起了长队，曼妮为了回家而发愁。明明公司有一个同事住在她家附近，曼妮可以和对方商量，看下班后能不能顺路搭个便车。可是曼妮还没有把请求说出口，脑子里已经不断排演自己提出请求后的场景。在越来越多的心理预设下，曼妮的脑子越来越乱，最终还是没能开口向同事提出"蹭车"的请求。

这天晚上雨一直不停地下，曼妮淋了雨，回家之后就发了 39 摄氏度的高烧，头痛欲裂。曼妮想去医院，可身体太虚弱，躺在床上起不来。对门的邻居是一对年轻夫妻，曼妮曾经帮过他们几次忙，双方感情都不错。邻居有车，原本是可以请他们帮忙送自己去医院的，但是曼妮不好意思麻烦对方，自己打了车去医院看病。到了医院一查，曼妮得了肺炎，医生让她住院。曼妮只能一个人办理住院手续。深夜，曼妮一个人躺在病床上，想念自己的父母，心里十分委屈。曼妮很想让爸爸妈妈过来陪伴自己，可是想到外面那么冷，夜已经深了，她也不忍心让父母为自己担心，最终没有通知父母。

有讨好型人格的人往往害怕向别人表达需求。就像案例中的曼妮，她在提出需求之前会给自己预设许多心理障碍。比如，曼妮想“蹭”同事的车时，她会反复纠结：“她会不会觉得我很麻烦？”“万一，她一会儿要去别的地方，不方便送我呢？”“‘帮忙是情分，不帮是本分’，我这样贸然开口，算不算道德绑架？”“她万一拒绝我怎么办？”“如果她答应了，但是心里不高兴，背后说我坏话怎么办？会不会影响同事关系？”越是这么想，曼妮就越焦虑。在这样持续的自我否定中，有讨好型人格的人很难开口请求别人帮忙。

其实，这是一种既自卑又自恋的心理。一方面，有讨好型人格的人“配得感”很低——他们害怕别人会拒绝自己，害怕自己在别人的心中是不重要的。另一方面，有讨好型人格的人又对自己有“完美主义”的高要求——他们害怕暴露缺点，所以用极高的标准“审判”自己，不允许自己有任何“瑕疵”。

长期无法开口向他人求助，会让有讨好型人格的人身心紧绷，不堪重负。身体层面，精神长期高度紧张和过度思虑，会导致偏头痛、肠胃病、失眠等疾病；心理层面，焦虑、抑郁情绪不断积压，使他们内心感到孤立无援，从而陷入自我否定的“泥沼”中，渐渐失去对生活的热情。与此同时，他们的人际关系也会在这样长期“不平等”的付出中呈现出“病态”。因此，当意识到自己陷入这样的困境时，我们要积极地做出改变。

首先，我们要明白，大胆地提出需求是一种良性的沟通方式。

我们强忍着不提出需求，并不意味着这个问题会消失。想要解决问题，首先就要直面问题本身。

很多人之所以不愿意开口向别人求助，主要是担心给他人添麻烦，以及害怕被拒绝。就像案例中的曼妮，她曾在同事和邻居需要帮助的时候伸出援手，但轮到自己需要帮助时，却难以开口。其实，朋友之间本应互助互爱，情感关系应该是双向的，这样才能形成良性循环。如果只是单方面付出，而不主动寻求反馈，反而会让关系变成一条走不到尽头的“单行道”，最终拉远与朋友的距离。

如果实在是没有办法开口向他人求助，或许我们可以试着改变角度，从朋友和亲人的立场出发进行思考。比如说，这个朋友曾经多次接受我们的帮助，实际上她是想要回报我们的。这时，我们不妨主动提出自己的需求，请求对方的帮助，以此来减轻对方的“歉疚感”。再比如，我们已经很久没有跟父母见面了，父母是会感到孤独的。我们不妨向父母提出自己的需求，让他们有被需要的感觉，这样父母也会更有安全感。

行动上的“一小步”，是改变的“一大步”。如果提出请求后，你遭到了别人的拒绝，请不要气馁，这并不是你的错。人的一生中，谁都可能遭遇拒绝。我们要放平心态，在不断尝试中积累正向经验，慢慢恢复正常的社交，摆脱讨好他人的习惯，让自己从讨好型人格的“泥沼”里挣脱出来。

第四节 坚持原则，再好的朋友也不能突破底线

在人际交往中，你是否曾在某个时刻，感觉被朋友刻意针对？你是否曾经被朋友冒犯过？而冒犯你的那个朋友并不放在心上，觉得这只不过是一个玩笑。

遇到这样的情况，我们应该怎么解决？有讨好型人格的人往往会下意识地忍气吞声，以逃避可能会产生的争端。但是，有时候主动退让并不会让对方认为我们大度，反而会让对方变本加厉，一次又一次地试探我们的底线，最终造成更加激烈的冲突。

因此，我们应该在矛盾萌芽时就坚持原则，大胆地把自己的底线亮出来，让别人明白：我们虽然是性格温柔的人，但决不容忍他人侵犯自己的基本原则。

晓茹和闺蜜君君认识八年了，两人的友情牢不可破。但是，最近君君的一些举动让晓茹非常生气，可晓茹又不知道应该怎么和君君说。

事情的起因是：最近晓茹通过家里的介绍，和一个男生相亲了。她虽然答应和对方交往，但对男生的某些方面还是不太

满意。比如，相亲对象的工资不高，且为人不够上进，暂时没有争取更高职位或跳槽到更好公司的打算。但这个相亲对象是一个温柔体贴的人，这点晓茹很满意。因此，晓茹有些犹豫不决，不知道是否要和这个相亲对象继续下去。

君君在听了晓茹的抱怨后，对晓茹的相亲对象进行了一系列的抨击，并且告诉晓茹："经济基础决定上层建筑，他对你好有什么用，万一结婚之后他对你不好了呢？分手吧！强烈要求你们分手，下一个更好！"她还强调："贫贱夫妻百事哀，结婚可是大事，你一定要听我的！"

虽然当时晓茹觉得君君说的话很有道理，也点头应和，但是晓茹并没有立刻和相亲对象分手，而是决定再观察一段时间。经过一段时间的观察后，晓茹发现相亲对象是居家型好男人，他虽然工资不高，但是工作轻松，每天朝九晚五，回到家就自己做饭。他的厨艺也非常好，常常做了好吃的打包送给晓茹。每周末，相亲对象还主动到晓茹家做饭，饭后刷碗做家务。相亲对象对晓茹说："我就喜欢做饭做家务，看着家里温馨干净，我会觉得心情非常好。"

晓茹觉得自己工资不低，工作前景也不错，现代社会并不一定非要男主外女主内。如果相亲对象愿意，她可以负责赚钱养家，相亲对象负责操持家务。至此，晓茹决定把两人的关系稳定下来。

谁知道，君君知道这件事后，十分愤怒："既然你已经决定和他在一起了，当初为什么要来问我？我让你分手你不分，以后有你苦头吃！我那天跟你说了那么多，真是浪费感情，你一个字都没有听进去。”君君教训了晓茹大半个小时，晓茹听得心里很不是滋味，两人的关系降至冰点。

上述案例中的君君已经逾越了合理的人际边界，在精神层面上侵犯了晓茹的自主权。晓茹之所以会把自己的苦恼告诉君君，是因为她视君君为挚友。但是，君君并不能代替晓茹做有关人生大事的决定。毕竟，婚恋选择是晓茹的个人权利，君君不能代替晓茹行使该权利。

当有讨好型人格的人遇到这类冲突时，很可能为了平息冲突而果断和相亲对象分手。但是，分手真的是晓茹的本意吗？在晓茹心中，她其实已经接受了相亲对象，并认可“女主外，男主内”的生活模式，这样的选择就一定是错误的吗？

未来的事情，谁也无法确定。但是，我们可以明确的是：在人际交往中，人和人之间有冲突是很正常的。我们要做的并不是避免矛盾，而是勇敢地直面它，既不逃避，也不退缩。

想要有效解决问题，我们首先要冷静下来。当情绪处于激动状态时，我们的逻辑思维能力往往会受到影响，激烈的言辞和争吵不仅不利于妥善解决问题，还会阻碍有效沟通。所以，我们不要立刻回应对方，而要先给自己几分钟的时间平复情绪。

需要注意的是，暂时的情绪平复并不意味着矛盾已经解决。有讨好型人格的人经常会走入这样的误区，那就是他们想要把事情做到“尽善尽美”。为此，他们会过度思考，试图用最委婉的方式表达或者等待成熟的时机。过度思考、拖延与“平静情绪，思考几分钟”并不相悖。在冲突发生时，我们应当直面问题，及时解决问题，避免一拖再拖，最后变成一堆“烂账”。

面对面地解决问题，需要我们温柔而坚定地表达自己的观点。比如案例中，面对愤怒的君君，晓茹应该勇敢地把自己的想法和情绪表达出来。表达想法时需要精简内容和明确重点。人在愤怒的时候容易语无伦次，太长的解释和毫无重点的论述不仅显得冗长，甚至可能适得其反。因此，晓茹应该直接亮出“男主内，女主外”的论点，甚至可以提供照片或者视频加以佐证。此外，双方还要精准聚焦当前问题，就事论事，不要频繁地翻旧账，这样只会加深两人之间的矛盾。

必要的时候，我们还可以运用道歉的技巧来缓和紧张气氛。不过要注意的是，这种道歉并不是毫无原则地讨好对方，而是策略性的适当退让。比如，可以使用“这件事我考虑不周”“不要生我气了”“我们还是好朋友”等短句。

我们既要有温柔沟通的能力，也要有选择“战斗”的勇气。在人际交往中，我们应该坚持自己的原则，即便是再好的朋友也不能突破我们的人际边界线。比如，经过交流之后如果君君仍旧不愿意理解，晓茹可以暂时进行“冷处理”；如果君君变得更加愤怒，矛盾持续升级，晓茹也可以勇敢且严肃地告诉对方：“你踩到我的底线了！”

打造健康的人际关系需要我们摒弃讨好型人格，在坚守原则的同时提升情绪管理能力，勇敢直面冲突，学会积极倾听和有效沟通，最终达成双方都能接受的共识。让我们从自身做起，共同打造更加健康、稳固的人际关系！

第五节　独立的人格勇于面对他人的反对和质疑

有讨好型人格的人往往表现出明显的低自我价值感和持续自我否定的倾向。同时，这类低自我价值感个体往往是高情感需求人群。他们一方面持续否定自己，忽视自身的优势，拿自己的劣势和别人的优势对比，从而得到自己不如别人的错误结果；另一方面又极度渴望获得情感支持，在焦虑情绪中寻求外界认可。

讨好型人格附加的高情感需求，使得他们需要通过外界的肯定来明确自己的行事路径。正因如此，有讨好型人格的人总是没有勇气面对别人的反对和质疑。一旦被反对，他们就变成“缩头乌龟”，不敢再提出自己的意见；一旦被质疑，他们就会严重内耗，辗转反侧甚至失眠，生怕自己因此被讨厌。因此，无论事态曲直，他们都是最先低头、主动退让的那个人。

要想改变这种状态，关键在于培养独立的人格，提高自我认同感，勇于面对他人的反对和质疑。

在中国首位诺贝尔生理学或医学奖获得者屠呦呦投身青蒿素研究之前，国内外医学界一直推崇化学合成药物，这使得传统中医药备受冷落。作为中医研究者的屠呦呦并没有气馁，她对于中医药学有着独特见解。多年来，屠呦呦坚持从古籍中寻找灵感，探索以草药攻克疟疾的新路径。但这一举动却引起同行质疑，“传统方剂难以达到现代药物标准”。外界不解，觉得屠呦呦“在草本植物中寻找药物必定徒劳无功”。

可屠呦呦并没有放弃，她凭借深厚的专业积累，坚定自己的科研直觉与对民族医药价值的信念，日复一日扎根在实验室。在这期间，屠呦呦历经数百次失败，也曾面临巨大的心理压力。可是，她坚信自己的研究方向是对的。

终于，在经过 190 次实验后，1971 年 10 月 4 日，屠呦呦成功提取出了青蒿素。这一发现改写了疟疾治疗的历史，拯救了全球数百万疟疾患者的生命。

很难想象，在这 190 次实验中，屠呦呦受到外界多少反对和质疑。相比屠呦呦承受的巨大压力，我们在人际交往和生活中所遭到的反对和质疑简直不足为惧。

独立人格具体表现为独立思考、情绪自主和行为自主。拥有独立人格的人擅长独立思考，他们拥有批判性思维，具有强大的自主判断能力并且能够坚持己见；情绪自主的人在大多数情况下能保持稳定的情绪，他们能有效处理负面情绪，在人际关系中保持情感独立，避免把自己的幸福寄托在别人身上；行为自主的人擅长主动学习和自我成长，勇于尝试新事物，在行动中始终坚守自己的底线。

那么，有讨好型人格的人应该如何自我疗愈，培养独立人格呢？

1．接纳自己的现状

讨好型人格本质上是一种在成长过程中形成的适应性心理防御机制，它并不是一种人格缺陷，而是个体在特定情境下形成的自我保护方式。

我们要学会接纳自己，可以告诉自己，“我虽然有讨好型行为倾向，但这并不代表我是一个没有价值的人，这只是我需要改变和成长的地方”。这一改变应该是循序渐进的，我们可以先接纳自己的现状，再试着改变。

2．肯定自己，建立信心

心理暗示法可以帮助我们提升内在信心，使我们在潜移默化中慢慢获得自信。比如，每天早晨起床后，我们可以对着镜子给自己一个微笑，并说出至少三个自己的优点或成就用以鼓励自己。积极的自我对话可以逐渐改变我们的潜意识，提升我们的自我价值感，让自己从中获得力量。

3．精准察觉情绪，学会表达

在日常生活中，我们应该经常留意自己的情绪变化。比如和别人交流，或者处于某种情境中时，我们可以试着关注自己的情绪，并且学会用准确的词语来描述自己的情绪，丰富自己的“情绪词汇库”。除了“伤心”和“快乐”，我们还有其他表达情绪的词，比如“雀跃”“愤怒”“不满”“期盼”等，这些词可以帮助我们更精准地表达内心感受。当情绪被精准定义后，我们就能更加精确地表达它。

4．培养独立思考能力

培养独立思考能力需从心理层面破除依赖机制。首要任务在于建立自我信任体系，通过自我决策并承担责任强化主体意识：如聚餐时依据个人偏好点餐，而不是仅仅表达“我都行”“都可以”的模糊自我需求；与朋友共同制订旅游攻略时，主动参与决策，避免用“你看着办，我都可以”等话语让渡选择权。这些日常生活里的决策实践，正是逐步培养我们独立思考能力的有效方式。

第六节 不必太在乎外界的声音

在人生的舞台上，我们常常陷入一种认知偏差——舞台上只有自己一位演员，所有人的目光就像聚光灯一般落在我们的身上，他们剖析我们每一个微表情、每一个微动作，并且会做出苛刻的评价。

实际上，大多数人都沉浸在自己的生活轨迹中，根本无暇他顾。而那些我们自以为会让人尴尬或者引起他人不满的言行，其实别人并没有注意到。

有讨好型人格的人在感到自卑的同时，也会有一种自恋心理，那就是总觉得所有人都在看自己，所以自己要表现得再完美一点儿，不能出错。“完美主义”时时刻刻禁锢着他们，“我没有做好，我就有罪”的思想萦绕在他们脑海里，困住了他们。可是，真的有人能做到百分之百完美吗？其实，人生并没有那么多观众，百分之百的完美更是一种非理性期待，放下过度关注自我的执念，才是心灵获得自由的开端。

小玉是一个非常在意别人眼光的人，她总是担心自己会因为不够完美而被别人指指点点。只要别人的视线偶尔停留在她身上，她就会开始怀疑：是不是有人在背后议论自己？自己是不是有什么行为不够得体？是不是妆容不够精致？为此，小玉每天都要花大量的时间在化妆上，每次出门她都不得不提前三个小时起床来搭配衣服和化妆，甚至有时候还会焦虑得睡不着觉。

此外，小玉还经营着自己的社交媒体账号。每次发布内容之前，她都焦虑万分。她先要从几百甚至上千张图片中挑出自己认为最好看的几张，然后再花上几个小时来修图。从挑选图片到精修图片再到文案撰写，小玉全程神经紧绷。有时候因为不满意最终效果，她还会一次又一次地返工，即便是已经发布的动态，她也要删除，重新修改。事实上，每次小玉发布动态后，关注的人寥寥无几。那些小玉假想中的苛刻审视的目光，根本就不存在。

心理医生指出，像小玉这样的心态，在心理学上被称为“聚光灯效应”。

“聚光灯效应”是心理学家季洛维奇与佐夫斯基在1999年共同提出的心理学概念，又称“焦点效应”。其核心表现为个体普遍高估他人对自身的关注程度，并由此引发焦虑、不安等心理体验。从本质上看，这种效应属于一种自我认知偏差。

“聚光灯效应”的产生有两方面原因：一方面是个体的自我意

识过强，内心敏感多疑，习惯从自身视角揣度外界反应，同时不断放大这种所谓的“外界反应”，并以此为据提高对自己的要求；另外一方面是社交媒体的普及放大了个体形象，营造出“人人都是网红，事事都被围观”的社会文化氛围，让一些原本就特别在意别人看法的人加剧了“我在被时时刻刻关注着、评价着”的心理错觉。

对有讨好型人格的人来说，过度在乎自己在别人心中的形象，不仅会引发社交焦虑，使自己在持续的自我否定中降低“自我价值感”；还会阻碍个人成长，让人把精力耗费在无意义的担忧上，从而无法抽出时间提升自我、拓展兴趣爱好，从而导致恶性循环，降低生活幸福感。

要打破这一困境，我们需要重塑自我认知体系，时刻提醒自己：“大家的目光不会时时刻刻盯着我。”同时，我们还要多关注自身，而不是在意别人对我们的评价。杨绛先生的处世智慧为我们提供了典范。身处于风云变幻的年代，面对复杂社会环境中外界的褒贬议论，她始终不为所动，与钱锺书先生潜心创作，将身心沉浸于文学世界的丰盈与家庭生活的温情，最终以优秀的作品彰显了其自身的卓越才华。这启示我们：面对他人的眼光，只要专注本心，踏实做事，便可无愧于心。

一个人在意自己的形象没有错，但要允许自己是不完美的；一个人要求自己高尚没有错，可也要允许自己有平庸的一面；“吾日三省吾身”没有错，但是不要过度沉浸在反省中，不断否定自己。

我们除了反省自己的不足，还要看到自己的优点。人生旅途漫漫，我们不妨卸下“时刻被关注”的心理重担，多看看自己的闪光点，拒绝讨好他人。人生路途上，只有轻装上阵，才能以从容之姿邂逅机遇，更好地经营自己的生活。

第七节 人与人之间，距离产生美

在生活中，你是否常常担心朋友、亲人或爱人离开自己？一旦他们疏远了你，你就开始反省：是不是自己有什么地方做得不好，让他们离你越来越远？为了让朋友、亲人或爱人和自己保持长久的亲密关系，你开始委曲求全，一次又一次地退让，一次又一次地降低自己的底线，只为了把他们留在自己身边。这种牺牲自己、讨好别人的方式让你感到厌烦，可偏偏又没办法从中脱身。

子桑雩曾经说过，“君子之交淡若水”。君子之间的交往没有太多的利益牵扯，因此无须时时刻刻充满戒备心，不用讲究过多的礼节客套，更不用太过谦卑。这样互相信任、和平健康的人际关系，像水一样澄澈。在日常生活中，你是否见过那样的小团体：他们热衷“连体婴”式交友，即无论是吃饭还是上厕所，时时刻刻都要黏在一起，起初他们热络非常，可一旦产生利益冲突，或者有观念分歧冒头，这段关系便岌岌可危。而有讨好型人格的人，往往会在和朋友产生冲突时为了维持友谊“被迫”讨好对方。可是，这样的情谊真的能长久吗？

小周和小韩是一对情侣，他们非常相爱，总是形影不离。在外人看来，小周和小韩感情深厚，属于那种“怎么都分不开”的情侣，让人羡慕。可是渐渐地，两人之间出现了问题。

小周在遇见小韩之前，有一段失败的恋爱体验。前男友的出轨让她陷入长时间的痛苦中，分手后很久才缓了过来，投入正常的生活。正因如此，小周和小韩谈恋爱后，她总是对两人之间的感情患得患失。一方面，小周无限制地包容小韩的各种缺点，为他洗衣做饭、打理家务；另一方面，小周又觉得小韩这么优秀一定会被他人觊觎，因此希望男友时时刻刻处在她的监控下。甚至小韩在工作的时候都要开着手机视频，方便小周随时都能够看到爱人。除此之外，小周总是做好午饭送到小韩的公司。只要小韩需要帮助，不必小韩开口，小周就会帮小韩做好。

此外，小周有时候还会偷偷翻看小韩的手机和电脑，登录小韩的社交 App 看他和别人的聊天记录，希望能探知小韩的内心世界。小周看似是一个十分温柔体贴的女友，但对小韩来说，小周这些行为成了一种“甜蜜的负担”。他觉得自己既没有自由，也没有隐私。爱人之间其实不应该这样相处。小周这样的行为严重影响了小韩的日常生活，也让她自己倍感疲惫。为此，两人频繁地吵架，最终走向了分手的结局。

在我们的生活中，不论是父母、朋友还是爱人，总有一些人以

“为了你好”“因为我爱你”为借口，在对我们很好的同时又伤害我们，影响我们的正常生活。他们一边“讨好”我们，一边“掌控”我们。

然而，“爱就是彼此融为一体”其实是一种错误认知。在这个世界上，每个人都是单独的个体，有自己的生活、思想和行为逻辑，即便有着再深厚的感情，我们也不应该把对方当成自己的全部。

人与人之间的相处需要距离。在上述案例中，小周是一个讨好型人格“患者”，她因为上一段感情的失败而本能地规避可能出现的危机，错误地处理自己和现男友之间的关系。小周怀揣着一种近乎本能的执念，觉得唯有无限拉近与爱人的距离、迎合对方每一个需求、附和对方每一句言论，才能收获珍贵的感情和对方的认可。小周需要通过这种认可来证明两人之间的亲密关系是牢不可破的，一旦这种需求不能被满足，小周的情绪和精神就会出现崩溃的迹象。可小周并没有意识到，这种“贴身紧逼”式的相处模式会让和她相处的另一方感到窒息。

人和人之间是需要有社交距离的。我们都不是对方肚子里的蛔虫，无法完完全全探知对方的心里在想些什么。小周的这种行为实际上是一种路径依赖：她需要持续从另一方身上获得认同感，一旦这种需求得不到满足，就会陷入自我否定，从而陷入内耗状态。由此，小周的控制欲日渐加深，她希望两人之间能够密不可分。但是，即便是分子与分子之间也是有空隙的，人和人之间怎么可能真的“融为一体”？

要解决这一问题，首先，我们要明白人和人之间是需要划分边界的。正确地划分人际边界线，适当拉开两人之间的距离是非常有必要的。其次，我们要相信真正的感情并不会因为两个人之间有了差异或者产生了距离而消散。“君子和而不同”，朋友之间思想、专长的差异可以是彼此互相学习的资源，拓展双方的认知边界。最后，不要将注意力只放在一个人身上，我们不妨扩大交友范围，和更多的人接触。当我们把目光聚焦于同一个人的时候，总会把对方当成自己的救命稻草，紧抓不放。如果我们拥有很多朋友，就能渐渐放下“对一个人紧抓不放”的执念，从而能更加自然洒脱地进行社交。人与人之间的交往有了距离，反而能更好地看清对方。

第八节　帮助他人应量力而行

善良和乐于助人固然是值得褒扬的美好品质，但我们必须认识到，每个人的能力都是有限的，不可能解决所有问题。遇到力所不能及的情况时，你是否会因为自己帮不上忙而感到沮丧？是否会因为自己帮助别人的时候没有做到尽善尽美而觉得内疚？是否会因为自己的能力不够帮助所有人而觉得自己无能，从而厌弃自己？

有讨好型人格的人总是会有这样的“圣母”思想，将别人的困难归咎于自己，亦或者替别人承担责任。

小申是一位医学生，辛苦多年的他终于博士毕业，顺利成为当地一家大医院的临床医师。然而，小申有一个心结，这让他不确定自己是否适合在医院工作。不是小申不喜欢医生这一职业，而是因为医院里有太多的生离死别，也有太多让医生觉得无能为力的事情，每次遇到这种事，小申总是会过分自责，并且久久无法从这种情绪中走出来。

小申最近遇到了一个得了癌症的老婆婆，她需要进行手术，切除病变的肿瘤。但是因为经济问题，老婆婆不愿意给背负着房贷的儿子儿媳带来更大的压力，于是选择了保守治疗。小申想要劝老婆婆接受手术，毕竟相比于保守治疗，手术切除治愈的可能性更大。老婆婆叹了口气对小申说："如果做手术，后续治疗费用还要几十万，我儿媳妇刚生了孩子，他们的生活压力已经很大了，我想留点钱给他们。"

小申想要帮助老婆婆，可是他的帮助只是杯水车薪，更何况这样的事情在医院中太常见了。就算他竭尽全力帮助了这个老婆婆，那其他需要帮助的患者又该怎么办呢？为此，小申十分难受。

很显然，小申将别人的苦难归咎到了自己身上，这说明他是一个非常容易和别人共情的人。一方面，容易和他人共情的人都很善良；而另一方面，太容易和他人共情，往往会使人下意识地承担自己不必要承担的责任。有讨好型人格的人总是这样，他们容易内疚，也容易为此感到痛苦。实际上，小申是医生，不是救世主。作为医生，竭尽全力地救治病人就已经尽到了自己的职责。太多的情绪和沉重的心理压力，反而会让小申无法好好工作。

帮助他人需量力而行。超出自己能力范围帮助他人，不仅折损自身，还会让事情不尽如人意，甚至还可能会扭曲施受双方的关系。当我们对他人的帮助远远超过自己的限度时，受助者也会逐渐丧失自主解决问题的动力与能力，形成路径依赖。这对我们来说，也是一种沉重的负担。如果后续难以为继，那么施助者和受助者的关系也会恶化。

作为普通人，我们要承认这个世界上有很多我们力所不能及的事。我们不是无敌的“超人”，因此要学着“放自己一马”，当我们放弃对“完美助人者”的执念，不再被过度泛滥的爱心标准绑架时，反而能以更加松弛的心态观察世界。帮助别人并没有错，但适度的克制反而能让善意更显珍贵。

04

学会大声说“不”

第一节　每个人都有说“不”的权利

1．说“不”反而能拉近人与人的关系

“讨好型人格”这一概念最早由美国著名家庭治疗师维琴尼亚·萨提亚提出。萨提亚认为，“讨好型人格”不是传统人格心理学定义的人格类型，而是从“讨好型沟通模式”发展而来的一种行为倾向特征。

小梅为人和善，没有攻击性，是个出了名的“好好小姐”。但是小梅觉得和朋友的距离似乎越来越远，甚至朋友向她抱怨过：“和你聊天有一种很强烈的‘人机感’，总觉得你在敷衍我。”为此，小梅曾经寻求过心理医生的帮助。

心理医生表示：“因为你害怕拒绝别人，所以总是对朋友说‘好’。但是很多时候，你的朋友更在意的是你的反馈，而不是听到‘好好好’这样的回答。拉近人与人之间的距离，不仅仅需要表示赞同，还需要真实的表达和反馈。你可以试着向你的朋友表达更多的情绪和意见，这会让你们的关系更好。”

当小梅按照心理医生的建议，试着把自己内心想的东西表达出来的时候，小梅发现朋友们不但不会离她而去，她们反而更加了解小梅，这也拉近了小梅和朋友之间的关系。

2．先思考，再拒绝

帮助别人是需要消耗自己的时间成本的。你在答应别人的请求之前，计算过帮助别人的时间成本吗？你真的愿意为了帮助别人消耗这么多时间成本吗？

当别人向我们求助时，尤其是面对一些时间成本耗费过大的请求时，在给出答复前，我们不妨先问自己几个问题："我是否愿意为了帮助这个人花这么长时间？""在帮助对方之前，我是否还有更重要的事情没有完成？""这个人和我的关系如何？""我真的愿意帮助对方吗？"

在心中思考并且回答以上问题。如果你的答案是"愿意"，那么就去帮助对方。如果你的答案是"不"，那么请不要有后顾之忧，坦诚地告诉对方："不好意思，我现在没有时间，你可以试着找找别人。"

3．我们有权利对生活中的不公平说"不"

你是否遇到过这样的情况：在相同的条件下，你和别人获得的待遇不同。比如，公司在发放年终奖时，明明你的工作成果更优秀，但是领导偏向年龄更大、资历更老的员工，甚至站在道德制高点上要求你给前辈让位。

不公平现象存在于社会各个角落，涉及种族、性别、地位、财富、学校、家庭等诸多层面。无论如何，面对不公平，我们要有大声说“不”的勇气。同时，我们要学会反抗，反抗不仅仅是一种权利，也是一种责任。如果社会上的每个人都缩着脑袋，假装不公平的事情没有发生过，那么不公平的现象只会越来越多。打造公平、和谐的社会环境需要有人站出来发声，既然如此，为什么不能是我们呢？

4．我们有权利不为了任何人而牺牲

人生中有许多的无奈需要妥协，特别是女性。在人们的刻板印象中，女性的事业需要为家庭让路。比如参加面试的时候，处于适婚年龄的女性经常会被问到这样的问题，“当你的工作和家庭产生冲突的时候，你会怎么做？”“如果将来你要结婚生孩子，你会怎么平衡事业和家庭之间的关系？”

小江刚结婚就遇到了这样的问题。小江原本在一家外企工作，工资高、福利好，晋升通道也不错。小江结婚后不久就怀孕了。然而这时候小江的婆婆因为下雨天坐公交车不小心滑倒，瘫痪在床，需要人长期照顾。小江考虑过请保姆照顾婆婆，但是一来小江的婆婆心疼每个月七八千的保姆费用，二来小江

的老公也不放心自己的妈妈。于是，小江的老公提出想让小江辞职在家，一边养胎，一边照顾婆婆。他认为反正小江生完孩子之后也要照顾孩子，到时候再辞职不如现在就辞。

可是，小江既不打算在怀孕初期就辞掉工作照顾瘫痪的婆婆，也不打算在生完孩子之后辞掉工作照顾刚出生的孩子。小江觉得，她所在的外企福利非常好，产假够用，况且小江休完产假之后，自己的妈妈可以过来帮忙带孩子，根本没必要辞掉这么好的工作，更何况按照她和老公的工资，完全可以负担给婆婆请保姆的费用。可小江的老公觉得，等到将来孩子大了，小江可以再出来找工作，如果孩子在婴儿时期没有得到足够多的来自父母的陪伴，可能会对孩子的成长有影响，小江在家好好陪伴孩子，给予孩子足够的爱才是最重要的。

为此，小江和老公多次争吵。

很多全职妈妈在结婚生孩子之前并不是全职主妇，她们也曾经拥有自己的事业，并且在自己的行业中发光发热。只可惜，她们有的因为怀孕期间无法胜任繁重的工作，有的因为刚出生的孩子在家无人照顾，有的因为家里的老人病重需要有人看护，最终被迫退出职场，回归家庭。但是，她们是心甘情愿退出的，还是迫于社会压力和道德指摘，被迫离开的呢？其实，故事中的小江完全有权利拒绝退出职场。

在婚姻中，我们应该学习小江的决断，一个内心强大的人能够勇敢地拒绝一切自己不愿意的事。人生看似很长，实际很短，没有人能够决定他人的人生，更不要让他人的意见来决定你的人生！

第二节 你没有义务答应别人的所有请求

近年来，互联网上一直流行着这样一句话：没有人有义务帮助他人，帮助他人是情分，不帮是本分。这句话给了我一些启发：人和人之间，并没有那么多的“本应该”，我们没有义务答应别人的所有请求。

有些人总是期待着得到别人的帮助，把自己想象成只能依靠旁人的弱者。偏偏还总有这样的“老好人”，愿意无条件地满足这些人的期待，他们认为，只要有付出就会有回报，自己的真心一定会换得真心。可现实往往事与愿违，帮助别人之后得到的不一定是鲜花和掌声，这个世界上总有人站在黑暗之中窥伺他人。

所以，我们不妨放下助人情结，多多心疼自己。我们没有答应别人所有请求的义务，也没有承担他人责任的义务。无条件地帮助他人，只会把对方惯坏，使得对方在这种依赖中失去自己解决问题和承担责任的能力和勇气。

有讨好型人格的人总是忽视一些细节，将他人的责任主动承担起来，等到他们反应过来时，才发现有些人其实并不值得帮助。你是否在日常生活中遇到过这样的事情：当一个人向你求助时，往往会甜言蜜语并许下一些承诺，比如“下次你需要帮忙的时候，我一定会帮助你的”。你也许并不想要答应他的求助，但是又碍于彼此交情无法拒绝。你也许会想，“毕竟对方已经这么说了，下一次我需要帮助的时候，他也一定会帮助我的吧”。

然而，到了你真正需要帮助的时候，这个曾经求助于你并且许下承诺的人，已经翻脸不认人，并且教导你“自己的事情自己做，不要麻烦别人”，甚至搬出“帮你是情分，不帮你是本分”的话来。你受尽委屈，却无法反驳，为了息事宁人只能独自生闷气。可往往等下一次这个人再向你求助的时候，只要他换一套说辞，你仍然无法拒绝他的请求。

人活在这个世界上，应该以自己为先。重视自己的感受，远离那些让自己感到“不舒服”的人。要知道，并不是所有人都值得帮助。你的帮助对有些人来说是雪中送炭，但是对另一些人来说，也许不过是锦上添花而已。近年来，网络上经常出现一些筹款信息，这些信息涉及的求助金额不等，发起人大多数都是家中有人生病，或者是遇到了什么重大事故。

不可否认，这些发起筹款信息的人中有很多是真的需要我们的帮助。但是随着筹款活动变得越来越多，其中也混入了一些以盈利或者转嫁危机为目的的人。例如，一些筹款人所填写的“真实信息”并不完全属实，他们自己或者家人生病是真的，但是他们把家庭资产进行了转移，让自己名下看起来无房无车，没有经济能力，从而获得大众的同情，得到捐款。而这些善款也往往不会全部用于治病，它们大部分被筹款人用来挥霍，很少一部分用来买药。

我们愿意用自己的善良帮助别人，但是不愿意让他人利用我们的善良，更加不愿意成为某些人转移危机甚至是赚钱的工具。因此，我们在帮助他人的时候不仅要量力而为，也要看清楚被帮助的对象是否值得我们去帮助。世界纷纷扰扰，总会有形形色色的人出现在我们的身边，明辨是非是非常值得提倡的优秀品质。当然，如果你在怜悯他人，付出爱心帮助他人后，发现自己被欺骗了，也请不要责备自己。犯了错的是对方，你的善良仍然熠熠闪光，不要因此而吝惜释放自己的善良。

第三节 有不满就要说出来

1．合理地宣泄情绪是一种自我保护

你是否有情绪爆发的时候？你是否因为自己偶尔的冷酷而觉得内疚？你是否因为不够温柔而被人指责？情绪是人的一种表达方式，好的情绪是一种表达，坏的情绪也是一种表达。就像如果我们的身体突然被撞了一下，被撞的地方必定会感到疼痛。人在遇到一些事后，情绪必定也会产生一定的波动。

感觉不到疼痛是一件非常危险的事情。因为这意味着失去了痛觉，人在遇到危险的时候也就无法凭借着本能去躲避。例如，一个人的手不小心碰到沸腾的开水后，他如果感觉不到疼痛，就不会给患处上药。时间久了，伤口溃烂发炎，他却不自知。坏情绪对于我们也是同样的道理。

一个人不会永远没有坏情绪。适当地宣泄坏情绪，对于我们的身体健康和心理健康都有好处。有讨好型人格的人往往惧怕展露自己的坏情绪，他们认为这会让自己看起来不好相处、脾气暴躁，也担心表达不满会影响自己在别人心中的完美形象。

2. 坦诚直率也是一种人格魅力

李薇和林默是一对情侣。李薇习惯让林默猜自己生气的原因、想要的礼物，猜不中时，李薇就觉得林默不够爱自己。有一天下雨，李薇淋雨回到家，看见林默坐在沙发上看电视，瞬间火冒三丈。林默一头雾水，并不知道自己做错了什么，询问之后非但没有得到确切的答案，反而惹得李薇更加生气。后来林默才知道，李薇生气是因为下雨时自己没有主动拿着伞去接她。可林默也觉得有些委屈，女友并没有通知自己来接，所以他没去也无可厚非。随着时间推移，类似的小事引发的矛盾逐渐增加。每次面对女友，林默都焦虑不已，绞尽脑汁猜测她的需求更是让他疲惫不堪。两人之间经常爆发争吵，感情濒临破裂。

诚然，情侣之间能够猜中对方的心思是一种有默契的表现，但是坦率表达自己的需求更能够提高两人之间的沟通效率，进而增进亲密关系。

这种逻辑在人际交往中同样成立：坦率的人往往能在他人心中树立更加真诚的形象，有利于双方建立更深的信任。一个人举止坦率、讲话真诚会给人一种“愿意卸下防备、展示真实自我”的感觉，这种真诚的态度能够更快地和对方建立起感情联系。很多时候，坦诚、直率、有锋芒的性格反而更能深得人心。遮遮掩掩地把想要说的话憋在心里，会在无形之中拉远人与人之间的距离。

在职场中，坦诚直率的沟通方式能够减少信息传递过程中的误解和歧义，它避免了拐弯抹角、含糊其辞带来的时间浪费和理解偏差，让交流双方能够更高效地抓住问题的关键，找到解决方案。

3．表达情绪是沟通，不是发泄

表达情绪不代表要大吼大叫，有些人会在愤怒的时候通过尖叫发泄情绪，甚至像小孩一样满地打滚哭闹。诚然“会哭的孩子有糖吃”，但是这样大哭大闹，像疯了一样发泄情绪，真的能很好地表达自己的情绪和需求，让别人感同身受吗？

敏敏结婚十年，和老公之间的感情在日复一日的消磨中变得平淡。每次两个人发生矛盾的时候，敏敏总会歇斯底里地大叫，指着老公的鼻子训斥他，并且哭诉这些年来自己的不容易，然后越说越委屈，最后哭得不能自已。起初，敏敏的老公还会主动道歉，并且保证以后自己再也不会犯这样的错误了。但是时间长了，他的耐性也渐渐没了，两人之间的矛盾日益加深，直到走到离婚的境地。

敏敏总觉得两人之所以走到离婚的地步，主要原因还是老公不爱她了。但是，敏敏的老公却说：“是一次又一次的争吵让我感到‘心累’。每次我们吵架，你必定又哭又闹，然后开始不停地‘翻旧账’，但是吵到最后我甚至都不知道自己做错了什么，也不知道你为什么生气，我也觉得很委屈。”

其实这就是无效的情绪表达。单纯地发泄情绪显然不能达到有效的沟通效果，这种具有破坏性的情绪发泄方式，往往会让对方为了避免争端和矛盾升级而选择一时隐忍。与其说是在表达情绪，不如说是在用这样的方式强迫对方接受自己的想法。这样做虽然看似“事半功倍”，但实际上会让朋友或家人因为害怕和恐惧而渐渐疏远你，长远来看是得不偿失的。

4．表达情绪也需要技巧

我们要避免“指责式”的表达方式。指责式的表达方式最突出的特点就是，一个人在表达意见时，习惯性地将责任或错误全部归结在别人身上，一味地批评和埋怨他人。这样的表达方式往往会伴随着“都是你的错”“你到底是怎么搞的”这类措辞。有这种表达习惯的人喜欢把小问题不断放大，让它变成一件“非常严重”的事情。

喜欢输出指责式表达的人总是习惯“翻旧账”。就像案例中的敏敏，每次和她老公吵架时敏敏都会“翻旧账”，恨不得把十几年前的恩怨都说出来。可这样冗杂且没有重点的沟通只会让对方渐渐失去耐性，并且拒绝沟通。

同时，我们还要避免使用“安抚式”的表达。有讨好型人格的人常常习惯于采用安抚式的表达方式，就像是上述案例中敏敏的老公，每一次争吵开始的时候，他为了避免争端，总是选择安抚敏敏。这样虽然使他看起来善解人意、情绪稳定。可实际上，敏敏的老公并不能给敏敏带来任何情绪价值，也不能够从本质上解决问题，反而给敏敏一种敷衍的感觉，让她在婚姻中感到更加不安。

此外，我们还要注意避免“超理智式”表达方式。超理智式的表达方式是指，人在表达自己观点的时候极端客观，只在意做法是否符合规定，道理是否正确，两个人之中谁对谁错，刻意回避情感层面的交流。可在感情中有多少人是百分之百理智的，又有多少问题可以用简单的“是与非”来判定对错呢？哪怕是法院的裁决，也会“根据公序良俗，酌情判决”，更何况日常的人际交往？

因此，我们在表达自己的情绪时，应该尽量使用简单的句子，精准明确地表达自己的需求。越是简单的短语或者句子，越能够突出重点，方便他人理解，也容易使沟通变得更加顺利。

第四节　吃亏不是福

老一辈的人总说“吃亏是福”。然而，这种说法更接近于“阿Q精神”，是人们在吃亏之后用来安抚自己情绪的安慰剂。有讨好型人格的人往往会因为各种各样的原因无法拒绝别人的请求，他们常常用“吃亏是福”来安慰自己。其实，所谓的“吃亏是福”，不过是讨好者的自我麻痹、自我规训而已。吃亏不是“福”，吃亏就是吃亏。

小王一直都是一个懂得忍让的人。他父母一直教导他“吃亏是福”，在生活中要多让着别人，这样别人就会看到自己的好，将来有好事的时候，别人才能想到自己。所以小王一直遵从父母的交代，为人处世秉承着“忍”和“让”二字。

小时候，学校大扫除的时候，没有人愿意打扫厕所，小王自告奋勇承担了这一项任务。明明这个工作需要三个人才能完成，但是最终只有小王一个人打扫。他一个人需要干三个人的活，最后果然没有干完。学生会检查的时候，小王的“包干区”被扣分了，为此老师批评了小王，却没有人为小王解释。

后来小王走上了职场，他总是要做比别的同事更多的工作。即便如此，他从来不会提出自己的工作量其实已经超负荷了，而是默默地加班完成。但是一到年底工作评级的时候，往往会有人开始“哭穷”，哭诉自己工作多么辛苦，甚至暗示小王把优秀员工奖让出来。对此，小王也遵从了“忍让”的原则，把优秀员工奖让给了别人，他希望这样的做法能让他成为所有人口中的“大好人”。可不知为什么，每一次需要办事的时候，大家都会第一个想到小王，但是有好事的时候反而会下意识地忽略他。

对此，小王也感到十分不解。不是说“吃亏是福”吗？为什么他吃亏了，但是好事情总是轮不到他？

首先，小王“吃亏”的动机就是为了换得“福气”。换句话说，小王舍弃“小利”，是为了获得更大的利益，他希望将来别人遇到什么好事的时候能想到他。实际上小王是由于相信交换原则才去“吃亏”的。然而，世事并不一定按照人们的期待发展，很多时候我们所期待的事情不一定会发生。“你帮助了路边一个老人，结果老人是某某公司的高管或者总裁，转头给了你更多的好处，让你成为某某公司的经理，走上人生巅峰”，这样的故事只会出现在鸡汤文学和网络小说之中。

其次，就像吃苦一样，吃苦并不能让人感觉到甜，一旦一个人吃苦吃习惯了，他就会有吃不完的苦。同理，一旦一个人吃亏吃习惯了，他就有吃不完的亏。当我们连自己都不爱了，又怎么有能力去爱别人呢？很多有讨好型人格的人常常本能地把自己放在很低的位置，不愿意伸手去拿本该属于自己的东西。因此他们常常吃亏，常常感到遗憾。其实，不妨给自己一点儿自信，提高自我价值感，相信自己的能力是配得上那些好东西的。让我们学着不遗余力地去竞争，拒绝那些让我们出让利益的人。

最后，有时候“吃亏”无法避免，但我们可以通过利益置换的方式实现补偿，以短期让步换取长远价值。这种策略性的“吃亏”若能转化为长期互惠机制，不仅能有效平衡各方利益，更能增强信任基础，有助于和他人逐步构建起稳固的合作关系。这种智慧体现的正是从被动承受转向主动经营的处世哲学。

第五节 怎么礼貌而有力地拒绝别人

1. 我们有权利选择自己的人生

在日常人际交往中，拒绝他人是一项难以避免且颇具挑战性的任务。有讨好型人格的人总是无法拒绝他人。我们在前面的内容中讲到，每个人都有拒绝他人的权利。无论是面对朋友的越界请求、同事的不合理要求，还是陌生人的“道德绑架”，我们都要保持清醒的头脑，勇敢而有力地拒绝。这是我们对自己的一种保护，保护的不仅仅是我们的尊严，还有可能是我们的金钱和时间，甚或是我们的梦想和志向。

在云南旅行期间，我遇到一个在当地一家音乐清吧里做歌手的女孩。有一次我们交谈的时候，她提到她父亲给她打过几通电话，让她别在外面流浪了，回家相亲结婚，继承家业，赶紧安定下来，这样家里所有人都能对她放心。女孩一口回绝了父亲，表示自己决不回去。后来，她父亲用尽各种方式，不管是训斥女孩不孝顺，还是欺骗女孩说她妈妈身体不好，让她回去看看，女孩都不为所动。女孩说：“过去，我没有办法拒绝他，只能被迫走上他给我安排好的人生。现在，我有自己的梦想和目标，绝对不会退让!”

从上述案例中不难看出，说“不”其实展示了一个人“处世立身”的态度。与其说这是在拒绝，不如说这是在“选择”。

很多有讨好型人格的人都有选择困难症，归根结底是因为他们在人际交往中总是依赖别人做出决定，很少自己选择。越是依赖他人，就越是无法做出选择。

一位心理医生曾提出，想要解决问题，我们可以试着听一听自己内心的声音，问一问自己期盼什么样的结果。当我们明确了自己想要的结果，就可以从结果倒推出过程；厘清了过程，我们就可以相对轻易地确定此时此刻的选择。

2．利用转折来表达拒绝

当我们没办法直接说“不”的时候，可以试着在肯定对方的同时，表达出自己的想法。比如，当一个朋友约你去爬山，但是你手头上还有作业没做完时，你可以和对方说：“实在抱歉，虽然我很想跟你一起去爬山，但是我作业还没有做完，明天老师要检查，我不想熬通宵。”

3．适当运用拖延战术

当我们遇到不太好直接拒绝的过分要求时，如同事的凌晨求助、上司的额外任务，还有让人觉得压力很大的团建活动，我们都可以适当运用拖延战术。

首先，我们要了解对方完成这个任务的底线时间。比如，当同事请你帮忙做一个 PPT 时，你首先可以明确地问他这个 PPT 什么时候要用。如果他提出是下周一的部门会议上要用，那么你可以告诉他：“不好意思，我虽然很想帮你，但是我手头上也有很多工作，我最早也要下周五才能做完。”当然，在这个时候，你也可以适当示弱，表示出自己的确有很多工作需要做，并不是故意不帮助对方。

4．思考另外一种可能性

当你了解对方的需求，但是没办法帮助对方时，也可以给对方提供建议。比如，当乙方给了一份你并不赞同的方案时，你可以提出另一种方案的可行性：“我觉得按照这个思路去做，可能会更好……”

提出另一种方案的可行性，既能让你的拒绝显得没有那么生硬，又能体现出你为人真诚。此外，你也可以把拒绝当成是一种变相的帮助，试着从另外一种角度帮助他人解决问题，而不是完全依靠自己埋头苦干。与此同时，人与人之间的沟通交流，会让人更加了解彼此的需求，使双方实现合作共赢。

5. 给自己设立一个人设

不论是在生活中，还是在工作中，我们都会遇到一些不太好“拒绝”的情况。比如，部门同事总是喜欢在下班后去团建，找一家餐厅一起吃饭，如果某位同事不参加这样的活动，就会被人戴上“不合群”的帽子。

这种时候，不妨给自己立一个人设，利用人设来应付一些推不掉的应酬。比如，我们可以说自己是一个新手妈妈，每天一下班就要回家给小孩喂奶，根本没有办法参加团建。一般同事或朋友都会理解新手妈妈的不容易，自然而然就不会邀请你参加一些不必要的活动。这样一来，我们也就不用一次又一次地考虑怎么拒绝别人，免去了麻烦。

第六节　真正亲近的人不会因为你的拒绝而离开

在你的生活中，亲近的人是否总是会提出一些让你无法拒绝的要求？

张晓的闺蜜最近离职了，上一份工作她做得很不开心，因此想要趁着休息去全国各地走走。她辛辛苦苦做了很久的旅游攻略，并且邀请张晓一起去玩。但是张晓有自己的工作要做，根本走不开。

当一个亲近的人提出需求的时候，我们常常会因为诸多顾虑而感到犹豫。比如，“因为是朋友，所以没办法拒绝”“我妈养我这么大，拒绝就是不孝”“他是老师，反驳会让对方很没有面子”。这些顾虑始终萦绕在心里，形成了行为枷锁，使得我们无法理所当然地拒绝对方。

张晓和闺蜜的感情非常好，她很担心自己的拒绝会影响两人之间的亲密关系。其实很多人都会遇到这种困扰。

首先，不要给自己太大的心理压力，正确看待这件事情，才能更好地解决矛盾。人的感情具有高度的包容性、理解性与信任度。朋友之间了解彼此，愿意为对方付出，给予对方支持和陪伴。所以偶尔的拒绝，并不会让真正的朋友渐行渐远。

真正亲近的关系，往往以深厚的情感纽带为基础。比如，亲情中的血浓于水，友情中的志同道合，爱情中的灵魂契合。张晓和闺蜜有十多年的感情，一直维持着亲密的关系，哪怕张晓因为忙于工作而拒绝了闺蜜的旅行邀请，也丝毫不会减淡两人之间的感情。

其次，亲近的人之间也要尊重彼此的独立性和自主性。拒绝是在行使个人的自主权利，我们应该尊重彼此的选择。互相尊重才能使双方的感情变得更加深厚。当我们的自主性和独立性受到侵犯的时候，应该积极主动地去和对方沟通，适当地提出抗议，告诉对方自己心里的真实想法。真正的朋友会彼此信任和理解，不需要时刻在一起，也能感受到彼此之间的深厚友谊。

我们总是因为太在乎和亲近的人之间的感情，所以在表达自我上束手束脚，这体现了我们对于这段感情的珍视。但是，一味地把情感“闷”在心里，羞于表达自己内心的真实想法，反而会让我们与亲近之人产生隔阂。因此，不要担心拒绝会破坏感情，对亲近之人来说，深入的沟通不仅能够化解可能产生的隔阂，还能使你们更加了解彼此的内心世界。

05

与其讨好他人，不如自我成长

第一节　遵从内心，增强自我意识

你是否常常为了得到他人的认可而讨好他人？你是否常常为了避免被孤立而同意他人的观点？你是否难以拒绝他人的请求，主动承担超过自己负荷的责任？你是否常常觉得生活让你感到疲倦和劳累？那是因为你总是下意识地讨好他人，从而忽略了自己的内心需求，因此你会感到压抑和痛苦。其实，你可以轻而易举地摆脱现状，只要你愿意为了更好的生活做出改变。

有讨好型人格的人常常下意识地讨好他人，不敢否认他人的观点，即使压抑自己的内心想法也在所不惜。我们应该明白一点，与其讨好他人，不如专注于自我成长。于我们而言，重要的是树立自己的目标，增强自我意识，让自己的精神世界更加丰富，才能快乐地生活。

莫沙从小就是个希望得到别人关注的人，一直以来都是街坊四邻口中“别人家的孩子”，他乖巧听话，不像有些男孩那样总是闯祸。当其他男孩在泥地里踢球玩耍的时候，莫沙总是乖乖地写作业、看课外书，学习更多的知识。可实际上，莫沙非常羡慕其他男孩能够自由自在地玩耍，他也非常想和他们一起玩，只不过为了得到别人的夸奖，他总是强迫自己做一个“好孩子”。莫沙的父母一直希望儿子长大以后成为一名学者，因此莫沙一直朝着这个方向努力。可莫沙从来没有想过，自己真正想要做什么。

长大后，莫沙如愿考上了重点大学，成为所有人口中的好学生。可是，在大学职业规划课的时候，当老师问及莫沙对将来的职业规划时，莫沙却不知道将来到底要做些什么。他虽然希望自己成为一名学者，但是却不知道如何规划，更加不清楚自己将来的职业之路应该是怎么样的，他发现自己似乎只能单纯地模仿别人，根本找不到自己的人生方向。

我们每一个人都应该为自己想做的决定、想过的生活而努力，也应当对自己负责。在别人的脚印里，是找不到属于自己的路的。

那么，我们应该如何实现自我成长？

1. 学会爱自己

只有我们学会爱自己，才会有人爱我们。就像案例中的莫沙，他总是期望获得别人的关注，希望得到他人的肯定和爱，因此在不知不觉中走进了社会对他的束缚之中，逐渐忘记了本心。要知道，渴求别人的爱，不如自己爱自己。当我们用心滋养自己时，将会得到超乎想象的回报。

当你有想要的东西时，不妨买下来送给自己，这种需求得到满足后的快乐将会是一种精神养料。当你喜欢上某个人时，不要自卑，不要反复考虑自己配不配得上他/她，去靠近，去争取，勇敢去爱。如果得到，那将是对于自己最大的奖励，如果得不到我们也不会太过遗憾，我们可以告诉自己“我至少努力过了”。当你想要竞争某个职位时，你可以用尽全力去拼搏，不要去想是否应该收敛自己的野心。只有撕掉世俗的“标签”，勇敢地踮起脚尖，才能过上自己想要的生活。

2. 专注自身需求

精神上的自我成长是一个持续渐进的过程，它并非一蹴而就。讨好型人格常常需要通过他人的肯定体现自己的价值，这本质上是自我价值感的外包。当个体持续将他人需求置于自身发展目标之上，其注意力资源必然被不断分化，时间精力也会被分散到他人的事务上。因此，我们需要打破这种认知，重建自我认知框架。明确自己的需求，确定清晰的成长目标。比如，我选择上瑜伽课，是因为我喜欢瑜伽，我有健身的需求，而非“我不喜欢瑜伽，但是我的朋友需要陪伴”。

与其“混圈子”，不如将时间用在提升自己上。不再刻意讨好他人，而是脚踏实地做自己喜欢的事情。如果喜欢烹饪，便潜心学习，并加入相关社群，久而久之，身边自然会有一群喜欢烹饪的朋友，互相勉励，互相交流经验，共同进步。《俞敏洪：我的成长观》

一书中提到：“人生一旦进入主动状态，就会变得很美好。”因为喜爱，我们会更加主动去学习成长，从而形成正向循环，不断地成长，找到自我价值。

3．直视自己的负面情绪

当看到他人获得了好成绩，也许你会感到嫉妒；当遇到挫折时，也许你会怀疑自己的能力；当意识到自己的这些负面情绪时，也许你会感到不安和害怕。其实，这些负面情绪都是正常的。负面情绪的成因是多方面的，比如说长期处于竞争激烈的环境之中，无法获得认可，会在嫉妒他人的同时自卑敏感。大多数人不会因此而伤害别人，而是会采用逃避的方式自我保护。然而，这种长期的压抑并不利于自我成长。

我们应该直面并且接纳自己的负面情绪。把这些负面情绪转化成积极正向的行为。比如，当我们因他人的成就而感到嫉妒时，可以把这种情绪转化成向上的动力，设立目标，并努力达成。当我们因为某些事而感到挫败时，停下来反省自身，查漏补缺，把失败变成成功的垫脚石。

在自我成长的过程中，我们要学会管理自己的情绪。当我们无法控制负面情绪的时候，应通过健康正向的方式纾解。比如说，可以积极进行体育锻炼，也可以和亲友分享自己的困扰从而得到帮助。

第二节　追寻真正喜欢的事物，拥有志同道合的朋友

很多人的自我认知都处于懵懂的状态。很多时候，外界流行什么，普罗大众讨论最多的是什么，他们就会“随大流”地去喜爱什么，这是一种从众心理。《乌合之众：大众心理研究》的作者古斯塔夫·勒庞认为，在群体中，每一种情感和行为都极具感染性。在这种情况下，我们常常会受到他人影响而失去自我判断能力，跟随大众。

李丹是一个时尚达人，总是习惯性地追逐当下热点。

2022 年夏季，飞盘运动非常流行，李丹立即参加了一个飞盘俱乐部并办理了场地会员。可仅过了大半年，飞盘运动的热度就过去了。这时互联网上又刮起了一阵“汉服抄经”热，为此，李丹购买了很多汉服、经书、中式摆件，还报了一个毛笔书法班，学习练毛笔字，每个周末都在家里抄写经书。很快，“抄经热”也过去了。到了冬天，“围炉煮茶”火热起来。“围炉煮茶”就是一群人在室内围着红泥小火炉，将各式各样的水果和茶点

放在炉子上，人们一边闲聊，一边品味茶点，有一种悠闲而雅逸的氛围。李丹不但购买了一整套“围炉煮茶”的用具，还邀请几个朋友在家里“围炉煮茶”。结果，因为缺乏安全常识，在密闭空间使用炭火炉具导致李丹和她的朋友一氧化碳中毒，被救护车送往急救室紧急治疗。

接触的东西越多，我们眼前的世界就越纷繁复杂。有讨好型人格的人往往会有选择困难症，他们常常理不清哪些才是自己真正喜欢的事物，需要逐个尝试。他们往往和案例中的李丹一样，像“狗熊掰棒子”一样追逐热点，掰一个丢一个，最后既浪费了金钱，又浪费了时间。我们也许会下意识地追求社会上一些看起来光鲜亮丽的标签，比如说潮流、上进、时尚等，殊不知，那些美好的标签往往也是束缚我们的枷锁。同时，这也是一种讨好的表现，让我们在潜意识里希望被社会认同，被周围人赞美。当然，渴望被认同和赞美是无可厚非的，但比外界认可更重要的，是锚定内心真正的热爱。也许，这会让我们暂时感到孤独，但是随着时间的推移，我们会逐渐收获真正志同道合的朋友。

我们不要因为想迎合大众的偏好，而放弃自己真正的爱好。过于丰富的物质生活可以衍生出无数种爱好，有人喜欢运动，有人喜欢静坐，有人喜欢自然的清新野趣，有人喜欢城市的钢筋铁骨，我们往往无法周全地爱每一种不同的生活，也无法同时拥有无数爱好。贪多反而会占用我们过多的精力和时间，一旦满满当当的时间表变成一种压力，爱好也就从享受变成了桎梏。

在这种情况下，如果能从诸多事物中找到自己真正的爱好，我们就可以从满满当当的行程表中挣脱出来，投身于自己真正喜欢的事物。当我们沉浸在一两样真正的爱好中时，身边也会聚集一帮志同道合的朋友。

我有个堂弟，他非常喜欢明朝的历史，常常去图书馆里借阅一些与明朝历史相关的书，即使有些书晦涩难懂，他也对此兴趣不减，日夜研读。在外人眼里，他安静沉默、不善言辞。可在与明朝历史相关的论坛里，他常常发表帖子，与人讨论。当和网友对同一问题产生不同的见解时，堂弟选择通过阅读大量的历史文献和书籍，从中找到佐证自己观点的内容。久而久之，堂弟不但精通明朝历史，甚至还拥有了一批粉丝和朋友，他们不仅会在线上争论，还时常举办线下交流会。此外，堂弟还在短视频网站上注册了自己的账号，专门用来分享一些明朝历史，渐渐地，他成为了一个受人欢迎的小网红。

吸引力法则将有共同爱好的人“吸”到一个圈子里。在这个圈子里，他们可以讨论自己的爱好，发表独特的见解，分享自己的收获，虽然他们偶尔也会因为不同的意见而产生争执，但是这样的争执是积极正面的，能够使彼此日益精进。

第三节 三观不同，不必强融，无效社交也是一种内耗

在现代社会，人际关系的重要性毋庸置疑。但是，我们时常会陷入一个认知误区，那就是觉得人脉越广越好，参加的社交活动越多越成功。因此，我们常常会为了维系各种各样的社交圈子而讨好他人。当我们的观点和这个圈子中大部分人相左时，为了在这个社交圈子中立足，我们常常会被迫同意他们的观点。长此以往，加入的社交圈子过多反而成为一种负担。其实，我们都忽略了一个关键问题，那就是社交的质量。

可儿的老公是从事金融行业的，他们家小有家底。于是，夫妻俩便商量着把孩子送进一所当地顶尖的国际幼儿园。这所幼儿园不仅实行双语教学，其中许多家长还是社会上的“成功人士”。可儿也因此进入了一个“阔太太”圈子。

时间久了，可儿逐渐发现，这个所谓的“阔太太”圈子并没有想象中那么美好。圈子里充满了各种各样的竞争和攀比，大家互相炫耀老公的成就、财富和社会地位，甚至会因为其中一

位太太背不起爱马仕包包，而在合照之后把她裁剪到照片之外。可儿为了融入这个圈子，开始购买奢侈品，出入美容院，给自家孩子请外教补课、报马术班。

即便如此，她还是日复一日地生活在焦虑之中，生怕自己会因为跟不上这些“阔太太”的脚步而被排除在圈子之外。可越是这样，她越是觉得生活无趣，于是变得更加焦虑和内耗。

最近，可儿开始反思，一味地追求“更高级的圈子”，好像让自己陷入了一边讨好他人一边焦虑内耗的怪圈，她开始思考自己所做的一切是否是值得的。

上述故事中的可儿就是在进行“无效社交”，“无效社交”占用了她大量的时间和精力，使她不得不投入比正常社交更多的感情和精力来维护圈层关系。在这个过程中，“无效社交”也为可儿带来更多的压力和负面情绪。

为了努力融入一个和自己三观不同的圈子，我们总是习惯性地认同他人的想法。但当我们的真实想法被隐藏时，由此带来的失落情绪长久堆积起来，反而会让我们感到焦灼疲惫。自己内心中真实的感情得不到抒发，和朋友也没有深层的精神交流，这样的社交会变得越来越没有意义。

当意识到这点后，我们可以试着改变自己最初的想法，优化我们的社交圈子。我们应当明确自己的三观，既可以从我们的人生目标和价值取向入手，也可以从我们的兴趣爱好入手。一开始，很多人并不确定自己到底适合什么样的圈子。因此，我们要给自己试错的机会，不要因为一次两次的错误而感到气馁。多试着接触不同的圈子，我们总能够从中找到有共同话题、共同价值取向的朋友。与此同时，我们还要克服讨好他人的心理，在面对和自己三观不同的事情和人时，我们要有勇气说“不”，拒绝和我们“调性”不符的圈子，减少“无效社交”。

在优化社交圈子的同时，我们也要提升自己的精神境界，提高自我认知，积极向上地对待生活，真诚地对待他人。相信自我成长会使我们进入更好的社交圈子，认识更多积极正面的朋友，这是一种很好的正向反馈，有利于我们变得越来越好。

第四节　学会独处，一个人也是一种修行

很多人害怕孤独。在他们的认知中，孤独就意味着被群体抛弃，意味着不被他人认可。在一部分人的心目中，孤独是一个贬义词。甚至有人觉得一个人之所以孤独，是因为他做了错误的事情，孤独是一种变相的“惩罚”。

在网络上，不少人闻“孤独”色变，他们甚至还把孤独分成多个等级。

一级孤独：一个人去逛超市。

二级孤独：一个人去快餐厅。

三级孤独：一个人去咖啡厅。

四级孤独：一个人去看电影。

五级孤独：一个人吃火锅。

六级孤独：一个人去 KTV 唱歌。

七级孤独：一个人去看海。

八级孤独：一个人去游乐园。

九级孤独：一个人搬家。

十级孤独：一个人去做手术。

但是，我要说的是，孤独并不是一种罪过，更不是对不合群者的惩罚。大众把“孤独”看作贬义词，使得很多人下意识地认为“孤独”是不可取的，是消极的。实际上，孤独并不是一个贬义词，它所负载的情绪也不完全是消极的。这也就意味着，孤独具有两面性。当孤独显露出消极的一面时，它往往会使人感到悲伤失落、患得患失，这时人们需要陪伴；而当孤独展现出积极的一面时，它往往能够让一个人看清自己的内心，鼓励人更加深入地学习和创造，使人获得心灵上的宁静。

德国著名文学家歌德曾经说过：“人可以在社会中学习，然而，灵感只有在孤独的时候才会涌现出来。”当我们感到孤独的时候，请不要感到恐慌，这也许是我们人生中的一次修行。

荷兰的后印象派画家梵高所创作的印象主义流派油画，一开始并不被当时的社会认同。很多当时有名的画家和买家都批评梵高的画作，称其为“儿童的涂鸦”。然而，梵高并没有因为这些人看不懂他的画而改变自己的画风，他坚持己见，在当时那个重点突出“写真”的时代，继续孤独地进行自己的创作。最终，他的艺术坚持得到了验证——1990 年，其代表作《加歇医生肖像》以 8250 万美元创下当时的油画拍卖纪录。

当我们和他人三观不合时，不要急着质疑自己，也不要过度苛责对方，观念不同不必强融。我们没有必要改变自己的想法，反而要有相信自己的勇气。毕竟连鲁迅先生也说过：“人类的悲欢并不相通，我只觉得他们吵闹。”

每个人都有自己的想法，即使是双胞胎也无法拥有完全相同的思想。每到这种时候，我们不免感到痛苦，可这是人生常态，就像森林里不会有完全相同的两片树叶，这个世界上也不会有完全相同的两个人。

让我们学会独处，学会享受孤独，把孤独当成一种修行，更当成一种人生态度。当我们独处的时候，我们应该如何正向地转化负面情绪，让孤独成为一种积极的状态？

首先，我们可以给自己设立一个目标。在独处的这段时间里，我们可以通过做一些事情来让自己更加充实，利用这段时间来思考问题，回忆过去，憧憬未来。

其次，我们还可以用独处的时间来自娱自乐。我们可以看一部电视剧，可以玩游戏，或者看一本书，甚至是抱着膝盖，坐在布满阳光的沙发上静静地发呆，享受属于自己的时间。

如果你愿意用这段不被打扰的时间来学习一些技能，提升自己，自然是最好的。但是不论用来做什么，这段时间都是完完全全属于你自己的。在这个喧嚣的世界，我们难得能找到一方宁静之地，因此不妨好好享受这样的时光，感悟由孤独带来的宁静致远。

这个世界上还有这样一种人，他们喜欢独处，享受孤独，并且能够在独处中慢慢恢复自己的能量。这样的人我们一般称为内向型人格。根据 MBTI 人格类型的划分，这种人也被称为“i 人”。

MBTI（迈尔斯－布里格斯性格分类指标）的理论基础来源

于分析心理学创始人卡尔·荣格提出的心理类型理论。荣格在其1921年出版的《心理类型》中首次系统阐述了人格类型的划分标准。20世纪40年代，美国心理学家伊莎贝尔·迈尔斯与她的母亲凯瑟琳·布里格斯在研究了荣格的《心理类型》的基础上，设计出一种用于鉴别不同人格类型的测试工具，并将其命名为“迈尔斯－布里格斯性格分类指标（Myers－Briggs Type Indicator）”，简称“MBTI”。

MBTI中的“i人”指的是有内倾型人格的人。他们倾向于通过独处和内省恢复精力。举个例子，当一个人感觉到难过或沮丧时，我们常常会对他说，你出去走走，看看这个世界，和不同的人交往、交谈，心情会开阔许多。但是对于“i人”，看世界以及和不同的人交往、交谈会消耗他们的能量，他们需要通过独处来慢慢疗愈自己。因此，孤独对“i人”来说是最好的养料。一些内向型的作家，常常会通过独处来获得灵感、构思故事，他们擅长从内心世界里寻找创作的灵感，从而创作出让自己满意的作品。

让我们学会独处，学会更好地享受孤独。即便人生的舞台上只有我们自己在独舞，看台没有一个观众，我们也要有享受表演的勇气。人生这场旅行，总有那么一段路，需要我们独行，与其彷徨不前，不如享受一路上的花草美景、云卷云舒。

第五节 提升自我，学习技能，花香蝶自来

在生活中，我们常常陷入这样的困境：当你费力讨好别人的时候，却发现对方很难被讨好，你所做的努力非但没有什么用，还会让自己陷入两难的境地。这是有讨好型人格的人常常会陷入的误区，他们为了得到他人的关注，总是想方设法地讨好他人。

在刚进入公司时，张强为了能够得到老板的赏识，每天第一个到公司，最后一个离开公司，总是尽力在上司和老板面前表现自己。此外，张强不但帮助同事做事，还主动包揽了老板办公室的卫生。为了吸引老板的注意，他甚至常常发一些加班的朋友圈。

可是张强渐渐发现，这种做法非但没有什么用，反而让他成为公司的“螺丝钉”，哪里需要就把他用在哪里；而且他分到的都是一些杂活累活，那些有技术含量和专业成长价值的“好活”总是轮不到他。

后来，张强在听取了一位前辈的建议之后，决定改变努力的方向。他不再注重表现自己，而是沉下心来好好磨炼自己的

技术。他在业余时间学习了人工智能和无人机应用技术，还参加了不少相关的比赛，获得了不错的成绩。几年之后，公司倒闭，张强凭借着这些年来学习到的技术，拿到了另外一家大公司的 offer，年薪是过去的好几倍。

人们常说“你若盛开，蝴蝶自来”。我们与其将时间和精力花在讨好他人上，不如把时间和精力花在提升自我上。毕竟，讨好他人不一定会有回报，但是投入在自己身上的时间和精力，常常会给你带来意想不到的惊喜。就像上述案例中的张强，当他沉下心来，摈弃那些不必要的杂念，不再盲目地讨好老板和同事，潜心学习人工智能和无人机技术后，在公司倒闭之后，非但没有失业，反而走上了一条更好的职业道路。

那么，作为普通人，我们应该如何提升自我呢?

自我提升分为知识技能的提升、身体素质的提升、心理素质的提升。

想要提升知识技能，首先，我们要找到自己的天赋和爱好所在，在擅长的知识领域进行深耕。

你知道“10 000 小时法则”吗?

“10 000 小时法则”是由马尔科姆 · 格拉德威尔在其著作《异类：不一样的成功启示录》中提出的。他指出，人们眼中的天才之所以卓越非凡，并非因为他们天生就高人一等，而是因为他们付出了持续不断的努力。著名球星科比曾经说过：“你见过洛杉矶凌晨四点的天空吗？”科比正是经过自己坚持不懈的努力、刻苦勤奋的训练，才成为许多人心中永不磨灭的光。要想在任何一个领域成为专家，大概需要经过 10 000 小时的练习。我们也可以根据“10 000 小时法则”，持续不断地在自己的专业领域内钻研。

著名作家高尔基曾经说过：“书籍是人类进步的阶梯。”除了深耕自己的专业之外，我们还可以多读书。“书中自有黄金屋”，书籍对于我们的进步具有巨大的作用，我们可以从书中获取知识，也可以从书中明白事理，更可以从书中反省自我、优化自我、提升自我。

在提升自我的过程中，提升身体素质是不可忽视的一点。如果说经验和智慧代表着我们人生的广度，那么健康的体魄就代表了我们人生的长度。因此，我们要养成健康的生活习惯，适当锻炼身体。

此外，情绪也会影响我们的身体健康。因此，提升心理素质也是我们守护身体健康的重要方式之一。人身上有好几个“情绪器官”，比如胃和乳腺都是众所周知的“情绪器官”。

在日常生活中，我们要管理好自己的情绪，积极地对待自己的人生，用正面的眼光看待这个世界。你是否看过这样一张图？图上的人脸嘴角下沉，眉眼耷拉，一副很不高兴的样子。但是当你把那幅图倒过来看的时候，你就会看见一个人笑得阳光灿烂。有时候，换一个角度看事物，你就会发现世界比想象中更加美好。

当一个人积极地面对生活，努力学习提升自己的时候，哪怕他喜欢独处，他的身边还是会围绕着很多朋友。这便是所谓的“花香蝶自来”，是一种人格魅力的体现。在与他人交往的过程中，我们成功的机会也会增加。同时，随着知识技能的提升，我们对于这个世界的看法也会更加深刻，沟通能力也会逐渐增强。你会发现，好像一切都在慢慢变好。

与其努力讨好别人，不如回头沉淀自己，提升自我，学习更多的技能和知识。当我们“盛开”的时候，“蝴蝶”自然会环绕在我们的周围。

06

以自我为轴心，把自己当回事儿

第一节　接受自己的不完美

很多人无法接受自己的不完美，因此常常掩藏自己不完美的一面，同时通过各种各样的方式向他人展示自己完美的一面。在这些人的心中，“不完美”就好像是一种“犯罪”。迷恋完美是讨好他人的表现。我们希望把自己最好的状态展示给他人，以寻求他人的关注和肯定，害怕暴露自己不完美的地方，生怕这些瑕疵会变成他人攻击自己的把柄。

可是，这个世界上没有人是百分之百完美的。维纳斯雕像之所以会成为传世的雕塑作品，正是因为她残缺的手臂传达出独特的残缺美，那是一种不完美映衬下的唯美。所以，与其追求虚幻的完美，不如学着接纳自己的不完美，因为有时候，正是这些不完美，才让我们显得更加真实而独特。

蒋欢有很严重的容貌焦虑。她的五官很有特色，可是她总觉得自己的长相不够完美。她割了双眼皮，做了抽脂手术，还特地飞往国外打美白针。原本纯天然的美人，现在怎么看都有一种生硬的“整容感”。

完美的定义本身就带有主观色彩。什么样的人可以被称为“完美的人”呢？上述案例中，蒋欢原本的长相很有特色，但在她眼里依旧不够完美，眼睛要再大一些、身材要再好一些、皮肤要再白一些……但整容真的让她变得“完美”了吗？我们没法符合所有人的审美，被一些人称赞的地方可能在其他人眼中并不完美。所以，我们又何必太过在意他人的眼光呢？做好自己即可。

日本的偶像团体文化盛行，在一些偶像团体之中，总会出现这样的“笨拙人设”：什么才艺都没有，唱歌走调，跳舞姿势僵硬，各方面都不过关，很多人都怀疑这样的人是怎么成为偶像的。但是，偏偏就是这样“不完美”的人设，反而受到很多粉丝的欢迎。因为对这些粉丝来说，喜欢这样的偶像会让他们有一种“养成”的愉悦感。

事实上，不完美往往蕴含着发展潜力。试想一下，当“不完美”的偶像在粉丝日复一日的支持中逐渐提升唱跳技术，慢慢变成能够独当一面的艺人时，这种成长历程本身不就构成了独特的吸引力吗？

在我们的生活中，不完美就像是一面镜子，照映出我们需要改进和提升的地方。只有认识到自己的不完美，我们才能够真正审视自己，直面自己的内心，从而和自己的灵魂产生共鸣；只有认识到自己的不完美，我们才能够有的放矢地去改进、去学习，找到提升自己的正确方法；也只有认识到自己的不完美，我们才能感受到自己的渺小，看清世界的广阔浩渺，带着敬畏之心去生活。

当我们用积极的态度去看待自己的不完美时，往往会发现实际情况远比自我批判时想象的好得多。我们要相信，即使不够完美，也会有人被我们的人格魅力吸引，愿意和我们做朋友。学会跟自己和解，即使只是“不完美”的普通人，我们也能够拥有幸福。

第二节 欲望是人性，以自我为中心并不可耻

很多人从小就被教育要“舍己为人”“无私奉献”，固然这两种品格都是值得学习的高尚品格，但在这种教育环境下长大的孩子容易形成讨好型人格。这些孩子长大后会下意识地为了别人的喜好而活，为了别人的需要而付出，甚至压抑自己的欲望，把“自我关怀”视为一种不该存在的“恶习”。

很多人从小到大都被束缚在一个名为“好人”的道德枷锁中。偶尔想挣脱这个枷锁，为自己谋一点儿福利，内心深处就会升起无限的自责和内疚。

有一次上山踏青，朋友女儿的口袋里有一颗糖果，现场还有一位小男孩。两个孩子都很想吃糖，一颗糖根本就不够分。朋友无视女儿对糖果的渴望，给女儿讲孔融让梨的故事，“逼迫”她把明明属于自己的东西让给别人。小女孩眼泪巴巴地攥紧了手里的糖。虽然委屈却还是让给了同行的小男孩。事后，小女孩委屈地哭了，却还被母亲责备她太自私，不够谦让。可这明明不是小女孩的错。

当孩子只有一颗糖的时候，不愿意分享也是人之常情；如果她有很多糖果，相信她一定会把糖分给她的朋友。这种先满足自身需求的“自私”是合理的，是一种健康的自我关怀。

不知道这样一件小事会不会在小女孩的记忆里留下印记，在很多年以后的某一天突然跳进她的脑海里，变成一个需要极力弥补的遗憾。小时候，我的妈妈也曾强迫我把心爱的手工杯子送给亲戚的小孩。长大后，我再也找不到和它一模一样的杯子了。如果时光可以倒流，当时的我无论如何都不会把那只杯子让出去。

周围人的评价和施压总是使我们不得不去做自己不愿意做的事情。但是只要有冲破桎梏的勇气，不讨好别人，努力抓住那颗属于自己的“糖”，我们就可以使“枷锁”落地，收获不一样的人生风景。

我的同学小洲是个典型的“别人家的孩子”，从小到大她经常得到“听话懂事”“大方得体”“温柔谦恭”等夸赞。后来，小洲考上了“双一流”院校，还顺利保研。研究生毕业后，小洲进入一家大厂工作，随后结婚生子，有着不错的收入和让人羡慕的家庭。

直到半年前一次高中同学聚会，我才知道她已经辞职，并且离婚了。聊天中，小洲告诉我，两年前她患上严重的抑郁症，经常失眠脱发、无缘无故地流泪，一度有轻生倾向。

她说：“我爸去世得早，我妈独自抚养我长大，她希望我成为一个大厂程序员，然后找一个体制内的男人结婚生子。我一直努力按照她的想法去做，可我的梦想是做一位自由摄影师，一边骑行一边游览祖国的大好河山。我的前夫是我妈妈挑选的，他并不是我喜欢的类型。别人都以为我过得很幸福，只有我自己知道每天有多痛苦。”

经过一段时间的治疗，小洲终于下定决心离婚、辞职，离开原生家庭独自追寻梦想。刚离婚的时候，小洲的妈妈痛斥小洲自私，认为小洲疯了，放着好好的日子不过非要追寻所谓的“梦想”。小洲却说：“我做了二十多年听话的女儿，现在的我只想要追寻自己的人生。”

恢复单身之后，小洲开始骑行入川藏，并开设了自己的短视频账号，记录下沿途的风土人情。

在这期间，小洲虽然收入锐减，但是她的心灵得到了久违的自由。她偶尔在喜欢的城市旅居一小段时间，然后继续骑行。这一次见面，小洲白净的皮肤变得黝黑，可曾经严肃呆板的她却变得健谈又爱笑，全身上下透出一种积极向上的阳光气息。

拒绝讨好母亲后，小洲终于可以直面自己的欲望，过上了自己想要的生活。现在的她对于生活充满了动力，恍如新生。近几个月，小洲的短视频账号突然爆火，为她带来了不错的收益和流量。

欲望作为人性的重要组成部分，并非洪水猛兽，它是我们内心深处对美好生活、对自我实现的本能渴望。一味地压抑这种本能渴望，强迫自己为了迎合外界的喜好而讨好付出，看似能够换来一时的称赞和肯定，实际上是一种自我背叛。

“走自己的路，让别人说去吧！”意大利著名文学家但丁曾经说过这样一句话。在自己的世界里，我们有权让自己成为主角。

在这个纷繁复杂的社会里，我们才是自己的主角。我们不要把别人想得太重要，要学会拒绝讨好他人，直面自身的欲望。

自然，这并不意味着我们可以肆意放纵，而是要在法律的框架之内，理性地审视和追求欲望。我们不妨卸下刻意讨好的面具，倾听自己内心最原始的欲望，不要因为有欲望而抗拒自己，要勇敢地追寻自己的梦想，让自己的人生持续发光发热。

第三节 学会爱自己更多一点儿

缺爱的人常常是两极分化的：他们之中有些人乖巧懂事，顺从得像是一只招人心疼的小绵羊；而有些则叛逆不驯，恨不得攥起拳头和全世界作对。这两种人都希望得到别人的关注，收获别人的喜欢和爱。前者认为自己只要乖巧听话，就能够取悦他人；而后者则是靠叛逆来引起他人的注意，从而获得关心：实际上这两种人既自卑又自负，他们疯狂地想要从这个世界汲取爱的力量。

但无论是以上哪一种人，他们都不够爱自己，都依靠从他人身上汲取的能量活着。他们或多或少地压抑着自己内心的渴望，活成自己并不喜欢的样子。与其讨好他人，我们不如讨好自己，多爱自己一点儿。

生活中我们或多或少会遇到一些难缠的人或者事情。当遇到难缠的人或者事情时，我们不妨试着“强势”一点儿。一次，我和朋友出去短途旅行，入住酒店时发现房间有烟味。一些人可能会选择“忍忍就过去了”或者“开窗通通风就好了”。但是这种“大事化小”的处事方式损害了我们身为顾客的权益，作为付费购买服务的客人，酒店有义务向我们提供干净整洁的环境。我和朋友向酒店方说明了情况，起初，酒店方并不承认房间有烟味。我朋友强烈要求酒店处理这件事：“这一层是五星级酒店的无烟楼层，房间里有烟味原本就是酒店没有做好管控，清洁的时候也没有处理好味道，我会在预订的平台投诉你们，也会将这件事曝光到网上。”在朋友的“强势”要求之下，酒店客房部经理给我们升级了房间，并确认新的房间里没有烟味之后才离开。当我们的权益遭受侵犯的时候，不要选择忍气吞声，而应坚定地提出异议，这也是爱自己的一种表现。

社交平台上曾流行一种说法——把自己当成“小孩”再养一遍。它的本质就是弥补自己的童年缺失，自己做自己的“父母”，给予自己更多的爱。你是否曾经这样想过：“如果我有小孩，我一定不会让自己的小孩……”

当我们假设自己是父母时，我们会希望给自己的小孩更好的生活以及更多的爱和期待。比如，当我们自己遇到出租车司机拒载时，也许会选择默默下车，而不是据理力争，捍卫自身的合理权益。如果是自己的孩子被出租车司机拒载，正站在寒风里无法回家，大多数人的反应会是，“我的小孩不能受这个委屈”“我一定要据理力争，捍卫正当的权利”。

就像某位心理学家所说：“当我们长大独立后，应该学会自己做自己的父母，耐心、温柔地对待心中的那个小孩。好好爱自己，好好养自己，把遗憾补足，做自己的靠山。”

我们每个人都值得拥有爱。爱自己还体现在精神方面。很多有讨好型人格的人会有自卑心理，在面对自己想要的东西时，他们会自我否定，觉得自己不配拥有，或者无法凭借自己的能力得到。要相信，一切皆有可能，很多想象中很困难的事情，其实只要我们踮起脚尖，伸出手就能够得到。

高中的时候，学校召集同学报名参加市里的作文比赛。大家都觉得这是一个了不起的比赛，里面有很多很厉害的人，自己如果参赛只会是一个可怜的“炮灰”，于是没有人报名。我试着举手报了名，为此焦虑得一晚上睡不着觉，生怕出丑被人笑话。第二天，我顶着黑眼圈去参加比赛。结果出乎意料，我得了这场作文比赛的第三名。得知结果的那天，我很震惊，就像是无心播撒下去的一把花籽，开出了绚烂美丽的花。

回头望去，总觉得当时紧张得一整晚睡不着觉的我有些可笑。其实，我的生活中有很多这样“阴错阳差”的事情，比如竞选某个职位，参加某个比赛，又或者竞争某个非常想要的奖品；这些比赛看似竞争激烈，其实我常常最后都能够得偿所愿。当面对竞争时，请不要怯懦退却，试着相信自己，告诉自己“我值得”，然后拼尽全力去争取。万一真的得到了呢？即便是得不到，我们也是“虽败犹荣”。最后哪怕失败了，我们至少不会在想起来的时候，遗憾地对别人说：“如果我当时去争取，也许我就……”

第四节 你无法取悦所有人，做好自己

你听过父子与驴的故事吗？

父子俩牵着一头驴出城。一开始儿子骑着驴，父亲走路，走了一段路，路人纷纷议论儿子不孝顺，让这么年迈的父亲走路，自己却骑着驴。于是父子俩调换了一下，让儿子走路，父亲骑驴，这样又走了一段路，路人开始评论父亲不懂得照顾儿子。于是，父子俩都骑上了驴。紧接着，路人又说他们太不像样了，让驴驮着两个人，这是虐待动物！于是父子俩只好牵着驴步行，却又被人说他们蠢，有驴不骑，反而走路。

事实证明，我们无法让所有人认同我们。每当我们做出一个决定的时候，总会有和我们意见不同的人跳出来，指责我们的决定不够完美。可当我们按照对方的意思，改变了心意之后，仍旧会有另外一批人跳出来指责我们。如果我们一直被困在他人言论的“囚笼”里，就只会内耗自己，让自己痛苦地生活。

不同的人有着不同的立场，因此会对我们有不同的期望。比如，父母希望我们能够孝顺他们，有时间多陪陪他们；可老板希望我们多加班，多给公司创造经济价值，把公司当成自己的家；丈夫希望妻子优雅得体，上得厅堂，下得厨房；而孩子则希望父母能给他更多的自由，不要总是抓着他写作业。

每一方的期望都是不同的，总会存在相悖的地方。所以，人是无法同时满足所有人的期望的。我们努力迎合所有人的期望，只会把自己折腾得疲惫不堪，最终还无法让所有人都满意。

有时候，我们会觉得，摆在面前的路有很多条，可是好像每一条都会让一部分人不满意。所以，与其费尽心力都无法取悦所有人，那不如从一开始就做好自己。就像电视剧《甄嬛传》里的女主曾经说过的："人情世故的事，既然无法周全所有人，就只能周全自己了。"

当我们做好自己的时候，总有人会喜欢我们的。以我一个做短视频的朋友为例，她的视频内容主要是基础化妆教程，她的每个视频都很长，几乎是手把手地教化妆新手怎么化妆。最开始的时候，也有一批人质疑她，觉得她的视频内容太过烦琐，妆容也没有新意。但朋友始终坚持自己的赛道，渐渐地她做出了名气，成为一个垂直领域的小网红。

朋友跟我说，她发布视频的过程其实也是筛选观众的过程。对于那些打开视频观看几秒就划走的人，短视频网站便会减少这类视频的推送；而能够耐心看完视频的人，则是她的视频的目标受众。所以，只要我们用心做好自己，清晰地认识到自己的优点和天赋，并接纳自己的不完美，最终总会找到欣赏我们的人。

第五节 拒绝内耗，把注意力放在自己身上

在心理学中，“内耗”指的是个人内心的情感冲突，通常表现为焦虑、沮丧、不安等负面情绪。造成内耗的原因，通常是我们对某事怀揣着期望，同时又存在自卑、担心，从而产生矛盾的心理，内耗往往会使我们感到身心疲惫，压力过大。

在生活中，我们也常常会遇到“内耗”的人，他们通常心思敏感细腻、思虑过重，严重时甚至因为某件事而郁郁不乐、失眠焦虑。

梅梅是一个非常容易“内耗”的人。她总是过分关注别人对她的态度，也常常因为这些事而感到焦虑。

比如一天早上，梅梅发现闺蜜明显对自己冷淡了许多。为此，梅梅的心一直揪着，想问却又不敢问。这个“疙瘩”一直到了晚上睡觉前都缠绕在梅梅的心头。梅梅不知不觉地开始反思自己是不是有什么地方做错了，以至于让闺蜜对自己的态度突然变得冷淡。梅梅辗转反侧，想了一晚上都没有睡着，睁着眼睛到天亮。实际上，梅梅的闺蜜那天只是因为公司楼下的煎饼摊没有开张而情绪低落而已。

社交媒体的兴起让我们每天目睹一些人精心设计的生活秀——年薪百万的职场精英、环球旅行的生活家、拥有完美家庭的人生赢家，这些经过滤镜修饰的人正悄然成为现代人衡量自我价值的标尺。相比之下，我们的生活好像太过平凡。长期被这样的信息高速冲击，我们不免怀疑自己："是不是我不够努力？是不是我能力不足？"在这种持续的自我怀疑中，我们渐渐失去了本心，被困在焦虑和内耗中。

然而，这些社交媒体平台上展示出来的生活不一定是真实的，大部分只是为了获得更多流量而虚构出来的人设。我们要对这些信息有自己的判断力。同时，哪怕有一部分信息是真的，我们也不必感到焦虑和自我怀疑。这个世界上有成功的人，但是更多的还是平凡的普通人。每个人的人生步调也不尽相同。丘索维金娜40多岁时依然活跃在选手平均年龄只有20多岁的体操赛场上，尽管许多人因为年龄而质疑她的能力，但她还是一次又一次地站在了领奖台上，看着自己国家的国旗冉冉升起。

过度在意他人的评价也是内耗的原因之一。我们总是很在意别人对我们的评价。每个人都喜欢听到他人的赞扬，不想被别人批评，因此我们常常会因为别人的一句负面评价而持续产生负面情绪。就像我认识的一个网红朋友所说："我视频下面的每一条评论我都会看，那些好评我可以一掠而过，但是那些差评却会让我耿耿于怀，并且感到焦虑。哪怕有时候有一百条评论在夸奖我，也抹不平一条差评对我造成的伤害。"

我们总是过度在意别人对我们的评价，可他人的评价真的就是正确的吗？或者说，那些评价我们的人知道事情的全貌吗？就像某对明星夫妻离婚事件，短时间内网友的观点就从痛斥男方不忠到调转枪口讨伐女方，不过是被舆论牵着鼻子走。这种随波逐流的舆论狂欢，恰恰暴露了大众对“道德、正义”的极端追求，而讨好型人格最容易陷入的误区，就是把这种片面的声音当作自我审视的镜子。

人往往受当下的感情或者认知的影响，在不同的时间段对某件事或者某个人的评价常常是不同的。这个世界上并没有绝对的对错，更多的是个人的主观感受。因此我们不必过度在意他人的评价，我们没有义务让别人感到舒服，但是有义务满足和爱护自己。

当我们坚定地相信“我可以”的时候，那些外界的质疑将变得不堪一击。就像意大利诗人但丁在其作品《神曲》中所言：“走自己的路，让别人说去吧。”我们不妨把注意力放在自己的身上，从“他会怎么想我”变成“我想要达到什么样的目标，我要去做什么”。当这样践行后，我们会慢慢发现，原来自己可以做到很多事情。

第六节 我是我自己，不是谁的提线木偶

你是否时常觉得，自己的人生正在沿着一条轨迹前进，好像有什么东西在冥冥之中指引着我们朝着某个既定的方向走。我们被推动着，不由自主地迈动脚步，哪怕那个方向并不是我们想去的，可在面临人生选择的时候我们却总是会阴错阳差地走向那里。

我们似乎一直在被周围的环境“规训”。幼年的时候，父母总是教导我们怎么做一个听话顺从、让周围人喜欢的好孩子。我们读书写字，上各种各样的课外班，把课余时间排满。按照父母所说，我们现在“苦一苦”，将来变成一个有出息的人就能“甜”了。等到长大一些，我们又被老师“规训”，学着做一个“合格”的学生。高考之后，很多人报的学校和专业都是父母“精心挑选”的，虽然那并不是自己喜欢的学校和专业。等毕业了，我们又被社会“规训”，按照社会时钟结婚生子，努力工作，按部就班地成为社会的一颗“螺丝钉”。

这样的生活看似平凡而充实，但这真的是我们想要的吗？

美国微软公司的联合创始人比尔·盖茨曾长期位居全球富

> 豪榜前列。1973 年，比尔·盖茨考上哈佛大学，但是他当时对计算机技术的兴趣远超传统学业。于是，1975 年，比尔·盖茨决定辍学创业，与保罗·艾伦一起在新墨西哥州的阿尔伯克基创立了微软公司。经过多年的努力，微软公司在软件市场占据统治地位，而比尔·盖茨也多次荣登《福布斯》全球首富宝座。

比尔·盖茨看到了个人计算机的发展潜力，勇敢坚定地走上自己想走的路，最终，他走出了一条康庄大道。当我们面临人生选择的时候，往往会踌躇不前，不敢按下“确认”的按钮，宁愿把这个按钮交给别人。然而，把选择权和承担后果的责任交给别人是一种逃避的做法。你有没有想过，下定决心之后，你会为了自己的决定更加努力。你没有退路，也没有借口后悔，因为那是你自己选择的路；反之，当你把决定权交到别人的手中时，你就已经为自己找好了退路。当结果不如人意的时候，你就可以说“这都是别人逼迫我选择的”。正是因为有这样的想法，你没办法带着孤注一掷的心去拼搏。

请不要给自己的懦弱和胆怯找借口，我们都应该勇敢一点儿，坚定地把选择权掌握在自己的手中，然后为了自己的选择奋力拼搏。不管结果如何，那都是属于我们自己的人生。

自我觉醒的那一刻，下定决心为了自己的人生竭尽全力时，他人操控我们的“丝线”也会被我们挥刀砍断。因此，我们挣脱束缚，重获自由，成为一个能够独立行走的个体，成为自己！也许，这条路会充满坎坷、充满泥泞，但只要我们坦然面对遇到的每一个困难并战胜它们，前方总会有坦途。电影《抓娃娃》中的主角马继业从小过着父母给他“安排”好的人生。由于一次偶然的机会，他最终挣脱了绑在他身上的“丝线”，脱离了父母给他打造的生活，选择自己喜欢的体育大学，追逐自己的梦想。而马继业的哥哥，也最终找到了自己的目标，在一次次的运动练习中增强体能，最终登顶珠穆朗玛峰。

每个人都会有自己想要过的人生，也许它在大众眼中并不是一个普通人该走的道路，但是它一定是适合你，为你“独家定制”的道路！

第七节　每个人都会讨好别人，把握尺度，适可而止

拒绝讨好他人，重塑自我，做最真实的自己。当舞台上的演员摘下讨好他人的面具时，他身上的枷锁也应声落地。自我意识的重新觉醒，可以帮助我们自信从容地处理人际关系，划定健康的人际边界线，敢于拒绝那些不合理的声音和请求。

时间在不知不觉间流走，我们也在慢慢成长。也许，有一天你会突然意识到一件事，然后疑惑地问自己："我是不是又开始讨好别人了？"这个时候，你也许会焦虑、害怕、疑惑、自责，请不要苛求自己。毕竟，我们只是生活在平凡世界中的一个普通人而已。人是感情动物，我们无法完全剥离自己的感情，用百分之百的理性看待问题和规范自己的行为。有时候，我们不妨降低一点儿对自己的要求，勇于承认自己的不完美。

在人际交往中，适度的迁就与关怀本就是情感关系的润滑剂，就像朋友间帮忙带杯咖啡、同事间主动分担临时工作，这些出于善意的举动如同春日细雨，能让关系网络更显温润。但当这种善意逐渐异化为"必须让所有人满意"的自我绑架时，就会令人窒息。

首先，我们可以问自己几个问题，比如：“我喜欢这个人吗？”“我愿意讨好他吗？”“答应他的请求或者听从他的意见会让我感到很痛苦吗？”

如果你只是在做你愿意做的事情，只是你努力的目标方向正好“讨好”了对方，这其实无伤大雅，可以看作是因为你们的目标是一致的。如果讨好对方能使你获益，你就要明确需要付出的东西是自己愿意的，为此你已经做好了准备。

当认知变得清晰，我们就能够更深入地探究自己的内心，找到真实的自我，就能够更好地去判断一件事自己是否应该去做。每个人都会讨好别人，重点是把握尺度，适可而止。适当地讨好和退让，有时候不但不会让你感到焦虑和难过，反而有利于拉近你和别人的关系。比如，我妈妈从来没有去过三亚，今年冬天她很想去旅游，于是我策划了今年过年一家人去三亚的度假活动，这不仅仅是讨好，也是出于孝心，能拉近一家人的距离。再比如，闺蜜提出自己想要某个生日礼物，这个礼物的价格不贵，在我能够承受的范围内，我买下送给她，这样既送出了自己的心意，也让闺蜜感到开心，这就是正向的关系。

面对过分的要求时，我们应该勇敢地说“不”，但是面对周围人正常范围内的需求时，我们也可以有选择地满足他人，这样其实也是在满足自己。